IT传

信息技术250年

[日] 中野明◎著　朱悦玮◎译

浙江人民出版社

图书在版编目（CIP）数据

IT传：信息技术250年 /（日）中野明著；朱悦玮译．—杭州：浙江人民出版社，2021.8

ISBN 978-7-213-10153-3

Ⅰ．①I… Ⅱ．①中… ②朱… Ⅲ．①信息技术—技术史—世界 Ⅳ．① G202-091

中国版本图书馆 CIP 数据核字（2021）第 097775 号

浙江省版权局
著作权合同登记章
图字：11-2020-403 号

IT传：信息技术250年

［日］中野明　著　朱悦玮　译

出版发行：浙江人民出版社（杭州市体育场路347号　邮编　310006）
　　　　　市场部电话：（0571）85061682　85176516
责任编辑：方　程
助理编辑：赖　甜
策划编辑：张锡鹏
营销编辑：陈雯怡　赵　娜　陈芊如
责任校对：姚建国
责任印务：刘彭年
封面设计：北京红杉林文化发展有限公司
电脑制版：北京弘文励志文化传播有限公司
印　　刷：杭州丰源印刷有限公司
开　　本：710毫米×1000毫米　1/16　　印　　张：16
字　　数：165千字　　插　　页：4
版　　次：2021年8月第1版　　印　　次：2021年8月第1次印刷
书　　号：ISBN 978-7-213-10153-3
定　　价：88.00元

前　言
PREFACE

随着 AI 技术的飞速发展，人们开始担心自己的工作会不会被 AI 抢走。

计算机的性能呈几何级数提升，甚至有人指出，如今计算机一年间产生出来的智慧，比现在人类全体的智慧总和强 10 亿倍。还有人认为，在基因工程和纳米科技等最新技术的帮助下，人类很快就能实现永生。

人类永生是否能实现尚不得而知，但科技的飞速发展却是千真万确的事实，同时也不可避免地会给人类和社会带来巨大的影响。

因此，现在有越来越多的人对"今后的世界会如何发展？自己的生活将发生怎样的变化？如果没能跟上科技进步的大趋势，是否会被时代淘汰？"等问题感到不安。

但如果只用这种片面和短视的眼光来审视世界，我们就很难理解世界的本质，只能被不断涌现出来的新事物弄得晕头转向，也就是所谓的"只见树木，不见森林"。

反之，如果能够客观地把握自己所处的位置，就能对自己身边发生的变化做出冷静的判断。这就是透过“树木”的现象，看穿“森林”本质的大局观。

这时，总结过去的经验，往往能够为我们解答眼前的问题提供巨大的帮助。

信息技术（Information Technology，IT）拥有一个渐进式发展的历史，回顾这段历史，可以帮助我们搞清楚为什么自己会身处这样的位置。而且，拥有大局观的视角，还有助于我们对未来社会的发展进行深入的思考。只有这样，我们才不会对未来充满不安，反而能够对其进行更加客观且准确的分析与判断，并从中得到有价值的启示。

本书将介绍从 18 世纪末到 21 世纪中叶这 250 年间信息技术发展的进程，希望大家通过本书获得解读信息技术的客观视角。

笔者于神户元町

目　录
CONTENTS

企图将社会和产业冻结在某一时间点的尝试，就像让时间停止一样是不可能实现的。

——**戴维·萨尔诺夫**

序　章

从生态史观看信息技术

梅棹忠夫的信息论

IT 是“Information Technology”的缩写，即“信息技术”或者“信息通信技术”。这个词最早引起世人的关注是在 20 世纪 90 年代末。

在日本总务省（原邮政事业厅）每年出版的《信息通信白皮书》（旧版标题为《通信白皮书》）中，平成十二年版（2000 年 6 月出版）对 IT 进行了专题介绍，这一版的副标题为《迎来 IT 的 21 世纪》。2000 年 11 月，《高度信息通信网络社会形成基本法》（即《IT 基本法》）颁布。当时的总理大臣还一本正经地将 IT 读成“易特”。

IT 的本质其实是信息，而信息的历史则要比 IT 早得多。“信息”这个词在日本最早出现于 1876 年，是原日本陆军军官酒井忠恕在翻译法国军事书籍时创造的，比如“敌军阵地的信息”和“侦查获得的信息”等，意思和现在基本相同。顺带一提，之前人们一直认为“信息”一词是森鸥外在 1887 年前后翻译卡尔·冯·克劳塞维茨的《战争论》时创造的，但后来证明这种说法是错误的。

进入 20 世纪 60 年代之后，人们发现信息对于社会和经济具有非常重要的作用。信息相关理论，则是由日本国立民族学博物馆的初任馆长、民族学者梅棹忠夫率先提出的。

梅棹在杂志《朝日放送》（1961 年 10 月号）上刊登的论文《放送人，伟大的业余选手》（后更改为《放送人的诞生与成长》）中，第一次使用了自己创造的“信息产业”这个词。所谓信息产业，指的是像播放事业那样与信息相关的产业。据梅棹本人介绍，这是日本第一次在出版物上出现“信息产业”这个词。

后来，梅棹又在《朝日放送》（1963 年 1 月号）上发表论文《信息产业论》，他不但将现代定义为“信息产业的时代”，还以人类胚胎的发育过程为例对社会产业的发展进行了说明。人类的胚胎分为：发育成内脏的内胚层、发育成肌肉的中胚层和发育成神经系统与大脑的外胚层。梅棹将人类胚胎的各个胚层与社会产业一一对应：内胚层相当于农业，中胚层相当于工业，外胚层则相当于信息产业。梅棹认为，现代信息产业的发展是“下一次外胚层产业时代的开始”。他曾预测“信息社会”最早将在 20 世纪 60 年代初到来。

与梅棹忠夫同时代的社会学家丹尼尔·贝尔于 1967 年在杂志《国家事务》上发表了《后工业社会的笔记（I）（II）》，文章指出商品生产已经不再是经济活动的中心，贸易、金融、保险、不动产等服务经济取得了显著的发展。顺带一提，贝尔最早提出“后工业社会”（Post-Industrial Society）这个概念，和梅棹提出信息产业的时间基本相同，都是在 1962 年前后。后来，贝尔又在 1973 年出版了著作《后工业社会的来临》，强调了高级的信息服务在经济活动中的重要性。

1964 年，马歇尔·麦克卢汉在其著作《理解媒介》中得出了震惊世人的结论：媒介即信息；而阿尔文·托夫勒在其著作《第三次浪潮》中提出信息社会到来的时间是 1980 年。由此可见，即便在世界范围内，梅棹也是最早指出信息重要性的人物之一。

用“变迁”来把握文明的发展

梅棹不仅率先指出了信息的重要性，还提出应该用独特的视角和切入点把握信息。梅棹将这种理论称为“信息生态学”和“文明的信息史观”，尝试从生态学和文明学的角度解读信息。关于这一点，需要作一些说明。

梅棹的名字之所以为世人所知，是因为 1957 年他在《中央公论》杂志上发表的论文《文明的生态史观绪论》及续篇《从东南亚之旅开始》，还有以这两篇论文为中心观点的著作《文明的生态史观》（1967 年出版）。

梅棹所说的文明，指的是由巨大的工业力量、庞大的交通信息网、完善的行政组织与教育制度等人类创造出来的设备群及制度群所组成的系统。用生态学领域的“变迁”概念来解读文明的发展，就是所谓的“文明的生态史观”。

所谓变迁，指的是在特定土地上生长的植物群体经过时间推移而发生的不可逆的改变。如荒地上长出苔藓，然后逐渐演化成草、灌木、阳生植物（红松、白桦等）、阴生植物（橡树、山毛榉等），这种植物群的变化就是最典型的变迁。植物群与周围的环境相互作用，经过不断地积累，使现状发生永久的改变。

因此，变迁是一个十分漫长的过程，这个过程可以看作是生态变化的历史。对变迁的研究就相当于对生态的历史进行研究，这就是梅棹提出的“生态史观”的基本概念。

梅棹认为，生态史观的概念同样也可以应用在人类文明上。如前所述，人类与其创造出来的环境产生相互作用，推动文明的发展。《文明的生态史观》就是从这样一个宏观的视角来解读人类文明的发展进程。

在理解了上述概念之后，想必大家对梅棹提出的另外两个概念——“信息生态学”和“文明的信息史观”也更容易理解了。简单地说，从生态学的角度解读信息，就是信息生态学；而从信息给人类文明带来根本性变革的角度来解读人类的文明史，就是文明的信息史观。

遗憾的是，梅棹并没有直接以“信息生态学”或者“文明的信息史观”为题发表论文或著作。他更关心围绕信息构建的文明论以及使用信息的具体方法，前者详见《梅棹忠夫著作集（第14卷）·信息与文明》，后者可见其名著《知性生产技术》。此外，他还专门修建了日本国立民族学博物馆，用来整理和传递信息。

那么，梅棹如果对现代瞬息万变的信息技术产生兴趣并专门著书立说，会写出怎样的一本书呢？正出于这个好奇心，成为我创作本书的契机。

本人才疏学浅，对效仿梅棹忠夫讲解信息文明论这件事实在是非常惶恐，想必更免不了招致其他研究者和梅棹忠夫的学生们对我不自量力的批评。

即便如此，我仍然希望追随梅棹忠夫的脚步，回顾信息技术的过去，验证信息技术的现在，并展望信息技术的将来。

“如果梅棹在世的话，他会怎么想呢？”

纵览信息技术 250 年的发展进程

各国学者已经出版过许多关于信息技术与社会关系的重要著作，比如前文中提到的贝尔的《后工业社会的来临》、麦克卢汉的《理解媒介》、托夫勒的《第三次浪潮》等。此外，水越伸的《媒介的产生》、吉见俊哉的《“声”的资本主义》，则是站在技术与人类的相互作用使媒介产生的立场上介绍了收音机和电话成为重要媒介的过程。森谷正规在其所著的《文明的技术史观》中，以文明论的视角解读了第一次工业革命以来的技术发展，并且考察了亚洲的工业发展。从《文明的技术史观》这一书名上不难看出，他应该也受到了梅棹忠夫《文明的生态史观》的启发。

上面提到的著作都是 20 世纪出版的，近年来随着信息技术的飞速发展也相继出现了许多值得我们关注的作品，比如布莱恩·阿瑟的《技术的本质》、凯文·凯利的《科技想要什么》和《必然》、雷·库兹韦尔的《灵魂机器的时代》和《奇点临近》。这些著作都是站在人类进化和文明发展的宏观视角，对今后科技发展的方向进行了论述。

本书将在参考以上著作以及其他与信息技术史相关权威内容的基础上，对信息技术的历史进行论述。同时，本书还具有以下几个特点。

首先，本书的内容主要集中在信息技术上。“信息技术即 IT”指的是与发送信息、流通信息、接收信息等活动相关的技术，而本书介绍的重点则是其中关于信息流通的技术。

也有人喜欢将信息技术称为信息通信技术（Information and

Communications Technology，ICT），日本总务省似乎就很喜欢这种说法，但本书将信息通信技术也看作信息技术的一部分，因此不会特意使用这种说法。

其次，本书涵盖的时代起点，是从第一次工业革命之后法国出现视觉通信的时代开始。这一信息技术正式得到官方的承认是在 1794 年，而本书的目的是解读信息技术 250 年的发展历程，也就是说最后的终点在 2044 年。

看到这个时间点，可能有的读者已经想到了。在库兹韦尔的著作《奇点临近》中，提到科技正以几何级数的速度发展，将会给未来人类的生活带来巨大的改变，他将这个未来称为“奇点”（也被称为“技术奇点”）。

库兹韦尔预言，当奇点来临时，人类的大脑可以被扫描并上传到计算机之中，而且随着基因工程和纳米技术的发展，人类将实现永生。他将奇点来临的时间设定在 2045 年，而本书设定的时间终点 2044 年与奇点来临的时间基本相同。

再次，本书并不是对未来的预言，只是对信息技术发展的解读。假如在这个过程中发现了类似于原理和模型的东西，或许能够为我们思考现在或者未来提供一些宝贵的启示。我也是带着这样的期待，才将本书的终点设定在 21 世纪中叶这个不远的将来。因此本书不会涉及奇点的相关内容，希望大家了解。

最后，因为我思考的原点是“如果梅棹在世的话，他会怎么想”，所以本书会尽可能地站在生态史观的立场上来解读信息技术的变迁。

之前，曾有人试图用物种的进化类比说明信息技术和科技的进步，但这么做会有一个问题，那就是生物总是保持着一致性。在一致性的作用下，生物的进化就是相同集体进化的过程。而电报或电视等信息技术，在进化的过程中并不存在这种一致性，各自都具有不同的特点。

以“信息技术的生态史观”为目标

既然如此，那用梅棹解读文明的历史时提出的“变迁”这一概念来解读信息技术的发展史是否可行？

正如前文提到的那样，变迁指的是植物群为了适应环境而不断产生变化的过程。值得关注的是，变迁的每一个阶段，都是与上一个阶段完全断绝的。苔藓并没有进化成草，草也没有进化成灌木，阴生植物也不是阳生植物进化而来的，只是在环境与植物相互作用的过程中，出现了更加适合这种环境的植物。这种变迁，表现的是从一种系统到另一种系统的变化。

还需注意的是，这种变化是渐进式的，譬如苔藓不能直接变成阴生植物。虽然上一个阶段与下一个阶段之间完全断绝，但下一个阶段仍然像继承了上一个阶段的资产一样是紧接着出现的。也就是说，变迁的下一个阶段并非完全隔绝了上一个阶段。曾经长满苔藓的地上长出了草，然后又长满了灌木，但只要有合适的条件，苔藓仍然能继续生存下去。只要环境允许，上一个阶段和下一个阶段就存在共生的可能。

那么，这种变迁的概念是否适用于信息技术呢？首先从本书的出发点——视觉通信开始考虑。信息技术发展的进程可以大致总结为：视觉通信→电报→电话→无线电→收音机→电视→计算机→互联网。从这个进程不难看出，信息技术发展的前后两个阶段存在非常明显的断层。

但信息技术的发展，也是不断继承上一个阶段积累下来的资源的过程，因为信息技术也不可能从视觉通信直接发展到互联网。比如，电报就是将视觉通信中利用视觉编码的通信转变为以电作为媒介的通信。随着电信技术的发展，利用电传递声音信号的电话应运而生。当人类发现电磁波之后，自然而然地就发展出了广播和电视。数字技术（严格地说是运用二进制的技术）的进步，则进一步催生出了计算机和互联网。

信息技术就是像这样逐渐演进，才会走过 250 年的时光。即便在互联网拥有巨大优势的今天，广播和电视仍然没有消失。今后，这样的共生也将继续存在。

梅棹在其著作《信息的文明学》中这样写道：

> 动物的进化，就是将动物拥有的可能性进一步展现出来。这种现象很难用目的论进行解释。当可能性因为某种原因确立的时候，生命就会展现出一种全新的可能性。
>
> 同样，文明的进步就是文明的可能性的全新展现。

从梅棹的这个观点来看，技术也属于一种可能性的展现。一种新技术拥有许多种可能性。当新技术被导入社会之后，这些可能性就会进行生存竞争。人们会对有利的和不利的可能性进行鉴别，使技术趋向有利的方向发展，最终推动文明的进步。

但技术是一把双刃剑，其带来的效果既有可能是正面的，也有可能是负面的。因此，技术可能性展现的结果不一定具有整合性，还有可能充满矛盾和悖论。

信息技术也是一种技术，所以前文中提到的“技术”都可以替换为“信息技术”。也就是说，信息技术社会也是一种可能性的展现，必然存在正反两面的效果。

在把握了上述内容之后，让我们一起纵览信息技术发展的 250 年，来看看信息技术的可能性是如何展现的。希望本书对这段发展史的描写，能够成为最真实的信息技术的生态史观。

第一章

视觉通信——拉开近代信息技术的帷幕

第一次工业革命给社会带来的变化

在第一次工业革命之前的社会中，人们的生活范围非常狭窄。阿尔文·托夫勒在其著作《第三次浪潮》中引用历史学家 J. R. 黑尔的话这样写道："大多数人一生中走过的旅程平均下来只有 15 英里。" 15 英里约 24 千米，这对现代人来说可能只是一天的行程而已。由于当时人们都生活在步行可达的范围之内，所以信息的传递靠口头传达就足够了，这就使得信息技术没有多少发展的空间。

不过，当时也有将两个相隔遥远的地区连接起来的远距离通信手段。以欧洲为例，塔克西斯邮递就是备受人们信赖的通信手段。

塔克西斯邮递的起源，据说可以追溯到 1305 年在威尼斯共和国成立的威尼斯使者商会。这个商会是由经营邮递业的塔克西斯家族在威尼斯共和国的支持下成立的私人企业，并且成功获得了在罗马教皇统治的地区开展邮递业的权利。而哈布斯堡家族认为通信手段是统治广阔领地的必备条件，因此也命令塔克西斯家族在其统治的地区构筑通信网络。

15 世纪，速度最快的通信手段就是塔克西斯邮递的骑马邮递。邮递员骑着快马从一个驿站（通常还兼营旅店）赶到下一个驿站，然后由等待在那里的邮递员接力，信件就在这样的接力中被送达目的地。塔克西斯家族从哈布斯堡家族获得运营经费，对这一系统进行管理和维护。据说，塔克西斯邮递在最鼎盛时期遍及整个欧洲的主要城市，拥有包括邮递员在内超过2万名雇员。除了政府的信件之外，塔克西斯邮递同样也邮送商人和金融业者的私人信件。随着第一次工业革命的到来，塔克西斯邮递业务发生了微妙的变化。但直到19世纪中叶欧洲出现国有近代邮政制度之前，塔克西斯邮递业务一直都发挥着非常重要的作用。

第一次工业革命于18世纪60年代率先在英国开始，18世纪末发展到西欧地区。在第一次工业革命前，人们都在以家庭为单位的小作坊里工作，凭借自身掌握的技术生产少量的商品。而第一次工业革命后，人们开始在大规模的工厂里工作，利用功能强大的机械设备大批量地生产商品。这种全新的生产模式的诞生，也给社会结构带来了巨大的变化。

从信息的角度来看，使用机械设备进行大批量生产这种前所未有的复杂生产过程需要专业的知识。同时，为了实现大批量生产，必须让所有工人都掌握这项专业知识。也就是说，要让之前只有特定人物才能掌握的知识，变成所有人都掌握的知识，这就需要信息的共享。

此外，大批量生产出来的商品不能只在狭小的范围内流通。生产的商品数量越多，就越需要在广阔的市场上交易。英国为了便于商品的流通，专门整修了河道，使水运业得到极大的发展。但强化运力虽然是商品流通的必要条件，却不是充分条件。商人还需要知道什么地区需要什么商品及需求数量。换句话说，为了使商品能够顺利流通，必须拥有与各个地区进行信息交换的技术。

随着人们对信息的需求不断提高，流通的信息量也在逐渐增加。而塔克西斯邮递业务的信息传递效率显然已经无法满足人们的需求，这就需要更有效率的信息技术。因此，第一次工业革命促使全新的信息技术诞生，在某种意义上可以说是一种必然。

什么是视觉通信

如果说第一次工业革命促使全新的信息技术诞生，那么最有可能诞生全新信息技术的国家应该是作为第一次工业革命发源地的英国，但实际上近代的信息技术最早诞生于法国。这其中又存在着怎样的缘由呢？

1789 年，巴黎人民攻占巴士底狱，揭开了法国大革命的序幕。这次革命的浪潮直到拿破仑·波拿巴在 1799 年执政才宣告结束。而希望继续维持专制的其他欧洲国家，都不想让自己国内出现像法国一样的民主革命。这些国家出于戒备心理，对法国的敌视态度越发强烈。另一方面，这些国家还希望能够趁法国内乱之时蚕食它的领土。

这样一来，法国就陷入了四面楚歌的境地，在其国境上经常与周围的邻国爆发小规模的冲突。因此，法国政府希望能够尽快把握国境守军的情况，并且将中央的指示尽快传达到国境地区，可以说这是理所当然的想法。

在这样的时代背景下，一个名叫克劳德·查普的人开始着手研究全新的通信方法。查普于 1763 年出生在法国一个名叫布吕隆的小村庄，大学毕业后进入教会学校成为一名神职人员。但他对物理学拥有浓厚的兴趣，而且经常进行电力相关的实验（电在当时是最先进的研究领域）。查普自己发明了用来测量电势和电压的装置，并且积极地发表相关论文。

法国大革命爆发之后，查普因其神职人员的身份而遭到迫害，他只能放弃职务回到故乡。此后，他决定利用自己的科学知识谋生，于是开始进行通信实验。一开始他的实验进行得非常不顺利，经过不懈的努力，终于在 1793 年完成了依赖人类视觉的全新通信方法，也就是我们现在所说的“视觉通信”。

这种通信方法需要用到一个被称为悬臂通信机的设备，它由 1 根横梁和 2 个悬臂组成，并且被设置在屋顶上。悬臂通信机横梁设置在屋顶上方 4 ～ 5 米，长度大约为 4 米，中间由 1 根立柱支撑，这个被称为调节器的横梁可以上下转动，变换角度。

在调节器的两端，各有 1 根长约 2 米的悬臂。这两个被称为指示器的悬臂也是可动的，能够指示 7 个方位。悬臂通信机的调节器可以设置为水平和竖直，搭配两个指示器的 7 个方位，便可以通过不同的角度组合来传递特定的信号，进而实现远距离的信息交换。

不过，一个通信基地无法将信号传递到几百千米之外的地区，因此每隔大约 10 千米就要设置一个通信基地。每个通信基地里都要配备通信员，时刻用望远镜观察相邻基地的信号。如果相邻基地的信号形状发生了改变，就必须将自己基地的信号也变成同样的形状。信号就这样以接力的形式从一个基地传达到另一个基地，最终抵达目的地。视觉通信就是使用这样的方法，成功地将信息传递到遥远的地方。

但现在看来，这种通信方法实在是过于原始。首先，这种方法完全没有用到电力，而是由人工操作。在通信基地内部设有用于调整信号的操作装置，通信员通过摇杆来对信号的形状进行调整。这个操作装置拥有缩小版的调节器和指示器，能够同步反映出屋顶通信机的信号形状，因此通信员无须确认屋顶的情况就可以直接调整信号。而相邻基地的通信员在看到信号之后只要将其复制下来即可。这种无须依赖电力的通信方法就是视觉通信。

视觉通信之所以不依赖电力，是因为在查普完成通信机的时候伏打电堆（发明于 1800 年）还没有被发明出来。当时能够利用的电力只有莱顿瓶存储的静电，这对于需要持续且稳定电力来源的通信来说是远远不够的。尽管查普最初也打算利用电力来设计全新的通信方法，但最终还是放弃了这个想法。

新技术的出现离不开过去技术的积累。查普发明悬臂通信机的时候，电力技术的积累还很薄弱，因此他的新技术只能选择使用电力以外的方法。他先后尝试了声音和活动遮板等不需要使用电力的通信方法，最后才成功发明出悬臂通信机。

1793 年，查普为法国政府高官展示了悬臂通信机的实际效果，法国政府在看到效果后当即决定正式采用该方法。1794 年，从巴黎到里尔的第一条视觉通信线路开通。

里尔是临近加来的法国北部城市，而在加来的多佛尔海峡对面就是法国当时的宿敌英国，在里尔的东面是与英国结成反法同盟的奥地利和普鲁士。可以说，里尔是与几大敌国相邻的战略要地。提高里尔与巴黎之间通信效率的迫切需求，成为法国政府修建视觉通信线路的原动力。就这样，比英国更晚开始工业革命的法国，反而赶在英国前创造出了最新的信息技术。

不断扩大的视觉通信网络

1794 年 7 月，在巴黎和里尔之间第一条长约 200 千米的视觉通信线路正式被启用。最初，法国政府内部也有人对视觉通信是否有效表示怀疑。但在巴黎与里尔之间的通信线路正式开通一个月之后，从里尔传来一条信息，信息的内容是：“今早 6 点，我军夺回了孔岱地区。”

孔岱是被奥地利与普鲁士联军占领的地区。法国军队在夺回这里之后，立即将胜利的消息通过视觉通信线路发送给了中央政府。政府官员在议会上高声宣读了这一消息，所有人都热烈地鼓掌欢呼“国民公会万岁”。

随后，法国政府决定授予孔岱“自由的北方”的称号，授予北方军队“祖国恩人”的称号，并且立即通过通信线路将这一消息传送了过去。这次事件使政府中的所有人都看到了视觉通信的效果，而得到政府大力支持的视觉通信网络则呈爆发式扩大。

1799 年，拿破仑·波拿巴执掌政权宣告法国大革命结束。此时视觉通信网络形成了以巴黎为中心，北至里尔和敦刻尔克、西至布雷斯特、东至斯特拉斯堡和于南格，总长度达 1426 千米的网络格局。而在拿破仑权力达到顶峰的 1813 年，从布鲁塞尔到阿姆斯特丹，从里昂跨越阿尔卑斯山到威尼斯也都开通了通信线路。

拿破仑为了加强对吞并的国家和傀儡政权国家的控制而大力推广视觉通信网络，使通信网络的总长度一下子增加到 3000 千米以上。顺带一提，发明了视觉通信系统的查普，在拿破仑执政期间的 1805 年自杀身亡。至于自杀的原因，有人说是因为抑郁症，也有人说是因为癌症，总之没有定论。

1814 年拿破仑下台之后，路易十八于 1823 年重新登上王座。此时的视觉通信网络的总长度还是 3000 多千米，和拿破仑政权时代基本相同，但形状却变成了五角星形：以巴黎为中心，北至加来、西至布雷斯特、东至斯特拉斯堡、西南至巴约讷、东南至马赛和土伦。视觉通信网络完美地将网络拓扑的形状之一变为现实。

之后，视觉通信网络的总长度不断增加，在 1846 年达到最长的 4081 千米。但随着电报的普及，视觉通信的地位迅速下降，从视觉通信线路正式开始使用到退出历史舞台经过了 60 余年的时间，最终在 1855 年彻底退出了历史舞台。

视觉通信技术在法国取得的成功也受到了其他国家的关注，率先对查普的视觉通信网络做出反应的是瑞典诗人亚伯拉罕 · 尼古拉斯 · 埃德格兰茨。他通过杂志了解到查普发明的悬臂通信机，并且在 1794 年造出了与悬臂通信机一样依赖视觉的遮板式通信机。

英国也本着“师夷长技以制夷”的精神向法国学习，在 1795 年发明了与埃德格兰茨款式不同的遮板式通信机。1796 年，从伦敦到位于多佛尔海峡北部的迪尔之间的 100 千米通信线路正式开通。英国之所以选择率先在迪尔修建通信基地，很有可能是为了防范海峡对岸的法国，就像法国率先在巴黎与里尔之间开通视觉通信线路一样。

除了瑞典和英国之外，挪威、丹麦、芬兰、普鲁士、俄罗斯、西班牙、葡萄牙等国也相继建立了视觉通信网络；当时，法国的殖民地阿尔及利亚和英国的殖民地印度也同样修建了视觉通信网络。到 19 世纪中期，全世界范围内正式使用的视觉通信网络的长度累计超过 1.4 万千米。

近代信息技术的开端

本书之所以将视觉通信定义为最早出现的近代信息技术，并不是因为其庞大的规模，而是因为其通信方法的本质。

接下来，我将通过数学家克劳德·香农提出的通信系统的基本模型，对视觉通信之前和之后的通信方法的特征进行对比（关于克劳德·香农，我将在第六章进行详细介绍）。

香农提出的通信的基本模型，由信息源、发送设备、通信通道、噪声源、接收设备和接收者组成。信息源指的是想要传达给接收者的信息，可以是语言、图片或者音乐。这个信息通过发送设备转变为信号，然后经由通信通道送出。通信通道之中存在噪声源，会对信号造成负面影响。当信号传送到接收设备之后，就会被重新恢复为信息。于是接收者就能理解信息的内容。

在视觉通信出现之前，速度最快的通信就是前文提到过的塔克西斯邮递的骑马邮递。如果将骑马邮递放在通信的基本模型之中，信息就是加密后的信件。带着信件的骑手一路上经过的道路就是通信通道（途中遭遇强盗的话就相当于噪声源吧），最后收信者就是接收者。接收者将加密的信件解密后转变为文字，就能够理解对方想要传达的信息。这种通信方法的特征可以概括为：将信息记录在纸张上进行传递。也就是说，以骑马邮递为代表的视觉通信之前的通信方法的本质，是将信息记录在手持媒介上进行传输。

那么，视觉通信的特征是什么？视觉通信首先通过通信机将信息转变为信号，这个信号经过天空这个通信通道抵达接收方的通信机（雾和阴雨等影响视觉的因素对于这种通信方法来说就相当于噪声源），接收者在收到信号后通过解码就可以理解信息的内容。查普发明的悬臂通信机之所以被称为视觉通信就是因为这个原因。

由此可见，视觉通信最大的特征是将信息编码化。使用骑马邮递的时候，信息以文字的形式记录在纸张上，纸张能够由骑手携带，所以才能够输送。但视觉通信的编码化是以通信机的形状，也就是通过信号来实现的。信号无法被携带，也就无法由骑手进行输送。因此，视觉通信通过信号基地接力的形式来实现信号的传输。

也就是说，视觉通信使用无法手持的媒介作为传送信息的手段，它与骑马邮递之间最大的区别就在于是否使用能够手持的媒介。

以此为基础，让我们再来思考一下视觉通信之后出现的信息技术。电报通过以点和划表示信息实现编码化（严格来说还需要空白）。通信员通过按键来进行编码，以电流的断续和延长来表现点和划。这样一来，记录信息的媒介就变成了电。编码通过电线这个通信通道被送往接收方的电报局，然后由接收方的通信员进行解码，最终以文字的形式送到接收者手上。用电表示的点和划无法手持，所以也无法由骑手运送，取而代之的是电线中的电流。电报虽然利用电作为媒介，但在媒介无法手持这一点上和视觉通信是一致的。

在电报之后出现的信息技术，比如电话、无线电、收音机、电视机以及现在的互联网，利用的全都是无法手持的媒介。电话通过电流的波动对声音进行编码，收音机和电视利用电磁波对声音和影像进行编码，而现在的互联网则利用光通信对信息进行编码，这些媒介都是不可手持的。

虽然视觉通信没有使用电力，但在利用不可手持的媒介作为传递信息的手段这一点上，视觉通信和现代通信是完全一致的，因此视觉通信也应该被归类为现代通信。也就是说，视觉通信的诞生就是近代信息技术的开端。

不依赖手持媒介的通信

在历史上，视觉通信并不是第一个不依赖手持媒介的通信手段。在距今2500年的古希腊时代，就已经出现了不依赖手持媒介进行通信的记载。在创作于公元前458年的戏剧《阿伽门农》中，有利用烽火将特洛伊被攻陷的消息传回迈锡尼的描写。烽火经过许多座山峰的接力式传递，一直将信息传到了250千米之外。只不过这种方式所能够传递的信息内容只有“点燃烽火等同于战争胜利”而已。

古希腊时代还出现过利用水和火把进行通信的方法。“水通信”是利用装在陶器之中的水的刻度来传达信息的方法。首先，要准备两个陶器，并且在相同的位置画上刻度。每个刻度代表不同的含义，比如“骑兵来袭”或者“重甲兵来袭”等。在开始传递信息之前，要将双方的陶器内装满水。发出信息的人举起火把表示要开始传递信息，接收信息的人也要举起火把表示已经做好准备。然后发出信息的人会放下火把，双方同时拔出陶器底部的栓塞，让水从陶器中流出。当发出信息的人再次举起火把时，双方就要将塞子再次塞上，然后接收信息的人确认陶器内水面的刻度。刻度对应的含义就是发出信息的人想要传达的信息。如果陶器中有 24 个刻度，那么这种通信方法就能传达 24 种信息。

而“火把通信”需要准备 10 根火把，用火把排列组合来表示字母。首先，将 25 个字母分配到纵横各 5 行、总共 25 格的编码表中。然后，在高台的左右两侧各准备 5 根火把，左侧的火把代表编码表的行，右侧的火把则代表编码表的列。最后，只要根据左右两侧火把点亮的位置找出编码表中对应的字母即可。

由此可见，人类在很早以前就已经掌握了利用不可手持的媒介进行通信的方法。但令人惊讶的是，这种通信方法直到查普发明视觉通信的 18 世纪都几乎没有更多的发展。比如在 17 世纪，英国人罗伯特 · 胡克就向皇家协会提出在高台上显示大型的编码，远距离通过望远镜对编码进行确认的通信方法。胡克的方法比查普提出得更早，可以说是第一个利用望远镜确认编码（信号）进行远距离信息传递的方法，但其只停留在理论层面上而没有实际投入使用。

至于为什么利用不可手持媒介进行通信的方法在 18 世纪之前一直没能得到普及，这个原因很难确定，或许是那个时候的人们对于快速的远距离信息传递没有太大的需求吧。

当然，人们也需要能够快速在远距离间传递信息的服务。只不过在已经有塔克西斯邮递的情况下，再去发明和构筑利用不可手持媒介进行通信的系统，并对其进行运营和管理，需要投入庞大的人力和物力。这在当时来说，显然是投入大回报小。

但在第一次工业革命开始后，状况就发生了改变。人们对信息的需求迅速提升，开始寻求比骑马邮递更快速的通信方法。尤其是在法国大革命爆发后四面楚歌的法国，这种需求尤为强烈。正是在这种历史背景的推动下，以当时的技术积累为基础的视觉通信诞生了。

悬臂通信机的惊人效果

悬臂通信机是利用 1 根横梁和 2 根悬臂来显示信号，用望远镜确认信号后以接力的方式将信号传递到远方的通信方法。接下来，我将为大家详细地介绍一下悬臂通信机传达信息的方法。

前面提到过的火把通信，是用火把表示编码来传达信息。罗伯特·胡克提出的方法也是用编码来代表特定的含义。因为只有了解编码意义的人才能知道传递的是什么信息，所以这种方法还具备加密功能。同样，查普发明的悬臂通信机也使用了只有相关者才了解的编码表，这一点和火把通信以及胡克提出的通信方法是一样的。那么，悬臂通信机是如何传达信息的呢？

悬臂通信机由 1 根调节器和 2 根指示器组成，调节器有水平和竖直两个方向，而位于其两端的指示器则能够指示 7 个角度。这样一来，通信机就能够表达 2×7×7=98 种信号。除去比较容易混淆的信号，悬臂通信机总共使用 92 种信号。每个信号都有自己的编号，从 1 到 92。

然后就是制作编码表。悬臂通信机的编码表共有 92 页，每一页有 92 行，每一行都是战争和治安相关的常用语，可以组成多达 92×92=8464 种词汇。此外，编码表上并非只有单词，还有“立刻增派援军”“发送粮草”等内容。现在一般的高中生所掌握的英语词汇量大约有 3500 个，已经可以表达很多内容，因此超过 8000 个的词汇量几乎可以传达任何内容。

每个通信基地的起点和终点都有一份编码表。假如要从里尔向巴黎发送信息，那么里尔的通信官首先要找到自己想发送的单词在编码表的第几页、第几行。

假设想要发送的信息“今天清晨”对应编码表的位置在第 30 页的第 54 行，那么首先要从里尔发送代表“30”的信号（调节器竖直，上方的指示器左上 45 度，下方的指示器左下 45 度）。这个信号经过沿途 19 个通信基地的接力被送达巴黎。随后再从里尔发送代表“54”的信号（调节器水平，左侧的指示器水平，右侧的指示器竖直向下）。这个信号也经过沿途的 19 个通信基地的接力被送往巴黎。巴黎的通信官则根据接收到的信号，从编码表上找出第 30 页第 54 行的信息。这样一来，信息就从 200 多千米外的里尔迅速传递到了巴黎。

悬臂通信机的信号是完全暴露在外的，任何人都能看到，但只有少数人拥有编码表。就连在通信基地里控制通信机的通信员都没有编码表，所以他们也不知道信号的具体含义。通信员只是重复用望远镜观察悬臂信号，并将其复制下来。通信员尚且如此，更别说普通老百姓了。从这个意义上来说，悬臂通信也属于一种加密通信。

利用悬臂通信机传递信号的速度也比想象中更快。以从巴黎到里尔传信为例，两地相隔 204 千米，共有 21 个通信基地（包括巴黎和里尔，不同时代该数据有细微变动），一个信号从巴黎传送到里尔只需要 120 秒，传送速度相当于 1700 米 / 秒。当然，如果通信路线要经过山区，或者同等距离内通信基地数量更多的话，传送速度就要慢一些。比如从巴黎到布雷斯特之间距离 551 千米，有 80 个通信基地，发送一个信号需要 480 秒，传送速度相当于 1148 米 / 秒。但即便是这个速度，也比 340 米 / 秒的声速要快得多。

法国的视觉通信方法，不管是在网络规模、能够传达的信息数量上，还是在传送速度上，都拥有极高的完成度。因此，将这种方法称为近代信息技术的开端是完全没有问题的。

信息技术的近代化始于数字

值得注意的是，作为近代信息技术开端的视觉通信，实际上也是一种数字技术。因为视觉通信不使用电力，是完全依赖人力的通信方法，所以可能有很多人认为视觉通信是一种属于模拟信号的通信方法，但这是完全错误的。

数字（digital）这个词来源于拉丁语的“digitus”，意为手指。因为以前人们用手指来计数，所以手指也有数字的意思。比如当我们伸出食指的时候，别人就会知道这表示的是“1”，如果伸出食指和中指则表示“2”。1 根手指和 2 根手指是完全独立的编码或者说信号，两者之间没有连接。这种不连续的数值提取方法就是数字技术。用更专业的术语来形容这种不连续就称为“离散”。与之相对的，模拟技术指的是连续的数值提取方法。

当我们用 1 根手指或 2 根手指来表示数字时，这个信号就是数字信号。而悬臂通信机显示的信号在本质上与我们用手指表示的编码是一致的。与手指表示的数字一样，悬臂通信机显示的信号也是和其他信号完全独立且离散的。也就是说，悬臂通信机显示的编码是数字信号，这种通信方式属于数字方式。或许有人会对此感到意外，但信息技术的近代化事实上就是从数字方式开始的。

还有一件耐人寻味的事情，那就是关于悬臂通信的名称。克劳德·查普在发明悬臂通信机的时候，打算给这个全新的通信方法命名为“tachygraphe”。这是他根据希腊语的“tachy”（速度）和“graphe”（书写）自己创造的词语。但法国政府官员在看到这项发明之后，认为与“速度”相比，强调“télé”（遥远）更加合适，于是悬臂通信机的名字就从“tachygraphe”变成了“télégraphe”。也就是说，“télégraphe”这个词，原本是查普发明的悬臂通信机的专有名词。

后来，télégraphe 这个单词变成了代表以不可手持的媒介进行通信的普通名词。这就和 electone（电子琴）与 escalator（自动扶梯）变为普通名词的情况相同。

事实上，在电报诞生之初，其正式名称是“electrictelegraph”。但随着电报的普及，前缀 electric 逐渐被省略，最终就以 telegraph 来指代电报。经过这一系列的变化，现在很多人一听到 telegraph 首先想到的含义就是电报。但其实这个词来自查普发明的悬臂通信机，也就是近代信息技术的开端。

视觉通信与互联网也拥有共同点。或许有人觉得 200 多年前的通信方法和现代最先进的技术之间存在共同点实在是匪夷所思，但如果考虑到视觉通信属于近代信息技术开端的这一事实，两者之间存在共同点也就是理所当然的了。

现在互联网采用的包交换技术（参见第七章），会在数据中设置一个名为“head”的区域，用来记录信息文本以外的信息，比如目的地的地址等。而视觉通信在发送正式信息内容之前，也会附加信息正文之外的信息，对要发送的信息内容进行控制。也就是说，实际上在 200 多年前的视觉通信时代，就已经存在和现在的“head”相似的概念了。

比如当巴黎和里尔同时发送信号的时候，两边的信号就会在途中的某个通信基地发生冲突。现代通信将这种状态称为“冲突”（collision），并准备了许多应对措施。当然，视觉通信也有应对措施，基本规则是以巴黎发送的信号为优先。

但信息的紧急度各有不同。假如巴黎发出的信息紧急度不高，而里尔发出的信息非常紧急，那么等待巴黎发出的信息传送完毕再传送里尔的信息可能会误了大事。因此，视觉通信在每个信息的前面都附加了一个用来表示信息紧急度的信号。

用来表示紧急度的信号分为“普通”“特别”“紧急”“十分紧急”4 个级别。如果巴黎和里尔两边发来的信息都是“普通”，那就按照基本规则优先发送巴黎发来的信息；但如果里尔发来的信息的紧急度是“特别”，那么就优先发送里尔发来的信息。这种通过在前面附加信息对发送的信息进行控制的方法，也被现在的通信方法所采用。

此外，在视觉通信的编码方法中，也有和 HTML 的“tag”（标签）相同的概念。HTML 是“Hyper Text Markup Language”的缩写，指的是编写网页时使用的语言。

在 HTML 之中，需要利用“标签”对网页的结构进行指定。标签用“<”和“>”表示，比如“<head>”这个标签，代表“head 从这里开始”；而“</head>”则代表“head 到这里结束”。

视觉通信也有标签，以悬臂通信为例，有时候悬臂通信需要发送编码表中没有的单词。在这种情况下，就需要依次发送字母来拼写这个单词。在编码表中，字母并没有单独的编码，而是和其他的单词或语句共享编码。

因此，在想要发送字母的时候，通信员首先要发送表示“接下来开始发送字母”的信号（调节器水平，左侧右下，右侧竖直向上），接下来发送的数字就代表字母。当全部字母都发送完毕之后，再次发送“调节器水平，左侧右下，右侧竖直向上”的信号，代表“字母发送完毕”。

上述这个信号就是标签。当然在视觉通信时代并没有“标签”这种说法，但视觉通信技术采用了标签的概念是无可争议的事实。

信息技术大众化的第一步

视觉通信的成功改变了人们对信息通信的认识。在视觉通信出现之前，用信件与远方进行信息交流是人们的常识。如果从这个常识的角度出发，人们必然对不使用纸张这种手持媒介的视觉通信是否能够准确地传递信息产生怀疑；但当视觉通信正式投入使用并能够正确地传递信息之后，人们的认识就开始发生了改变。人们发现，即便通过不可手持的媒介，也一样能够正确地传递信息。

这种认知的变化逐渐从政府普及到民间，因此在民间也产生出使用这种通信方法的需求可以说是自然而然的。但法国的悬臂通信网络属于国有的设施，所以民间无法使用。那么，为了满足民间的需求，就只有将现有的悬臂通信网络开放给普通民众以及在民间也构筑同样的通信系统这两种选择。

事实上，法国也确实考虑过将视觉通信系统开放给民众的可能性。但这种考量的出发点并不是为人民服务，而是为了弥补运营方面的支出。

开通新的通信线路要对土地进行测量，需要选择合适的地区作为基地，还需要优秀的工程师来进行设计，建设基地也需要大量的人力和物力，当基地建造完毕后还要长期配备通信员。一个通信基地最少需要两名通信员。而且，视觉通信无法带来任何财富上的增加，只有无休止的支出。法国政府为了维持这种庞大的通信网络，需要财政支出巨额的经费。

为了尽可能地削减经费，当时身为通信网络管理者的查普向拿破仑提出了 3 个利用视觉通信赚取收入的方案。第一个方案是将视觉通信网络向民间开放，实现商业化。查普认为，如果能够利用视觉通信网络将欧洲各国的金融信息都集中在巴黎，就可以使巴黎成为欧洲首屈一指的金融中心。第二个方案是发送新闻。当时在巴黎印刷的报纸是通过邮递马车送往全国各地的，查普提议利用视觉通信网络来传递新闻。最后一个方案是用视觉通信网络来发送国营彩票的中奖号码。当时，法国通过发行国营彩票的方法来充实国库，但彩票只在巴黎发行，其他地区则是民间彩票泛滥。所以，查普希望通过视觉通信网络来发送中奖号码，使国营彩票能够在全国范围内发行。

当我用现在的眼光来看这 3 个方案时，不由得被查普的洞察力所折服。尤其是收集金融信息和发送新闻这两条，可以说对后来电报的普及起到了决定性的影响。查普非常准确地预见了未来信息技术的发展。但遗憾的是，查普提出的方案只有第三个得到了采纳，视觉通信网络由于并不向民间开放所以也没有被用到另外两种用途上。

不过，民间并没有放弃利用视觉通信网络的尝试。1833 年，亚历桑德罗 · 菲利尔成立了一家名叫“大众通信”的公司，在巴黎到里尔之间开设了私人的视觉通信线路，向普通民众提供通信服务。一个单词收费 0.25 法郎。同时，他还提供实时发送股票信息的服务，一个月收费 3.75 法郎。不过，大众通信公司的顾客数量比预想中少得多，菲利尔也因为亏损而被迫停止了服务。

从法国撤退的菲利尔来到比利时，在布鲁塞尔到安特卫普之间修建了视觉通信线路。这次他的通信事业取得了一定的成功。由此可见，民间也存在着对视觉通信服务的强烈需求（值得注意的是，布鲁塞尔是比利时的首都，安特卫普则是比利时当时的金融中心）。此外，法国在 1837 年颁发了国家垄断通信服务的法案。因此，菲利尔就算回到法国，也无法以私人的身份提供视觉通信服务。

视觉通信技术的民间化，意味着信息技术的大众化。菲利尔的公司名叫“大众通信”，可以说就是对此最好的诠释。而“通信大众化”这一可能性的展现，使其成为贯穿整个信息技术发展的关键词。后来，席卷整个世界的通信大众化的浪潮，早在视觉通信时代就迈出了虽微小却坚实的第一步。

视觉通信带来的正面可能性

在序章中，我对技术的可能性的展现进行了论述。其中提到可能性的展现包括正反两面，视觉通信当然也不例外。

正如前文所述，法国通过导入视觉通信网络得以迅速地获取边境的信息，这就是将视觉通信正面的可能性变为了现实，也是查普理想中的目标。此外，欧洲各国看到视觉通信网络在法国取得成功之后，也希望获得这种正面的可能性。

与此同时，视觉通信也存在反面的可能性，其中之一就是前文提到的高昂的维护和管理成本。视觉通信技术能够在第一时间传送重要的信息，但为了实现这一点就需要付出巨额的成本。如果说前者是正面的可能性，那么后者就相当于反面的可能性。人类一直在寻找解决正反对立的方法，这种尝试又将新的可能性变为现实。人类社会就是在不断重复上述循环的过程中取得发展，并且变得越发复杂的。

以视觉通信为例，要想消除传输信息和巨额成本之间的对立，可以选择停止提供通信服务，这样就不再需要支付巨额的费用。反之，也可以在承受赤字的情况下坚持提供服务，那么就要将赤字的债务交给后来者去承担。

但上述两种应对措施，都是只支持正或反一方的方法，这样做并不能使社会取得更好的发展。所以最理想的状态是继续发展视觉通信正面的可能性，而尽可能消除其反面的可能性。用黑格尔的辩证法来说，就是从“正”与“反”到“合”的过程。

黑格尔认为矛盾无处不在，任何事物只要有“正”的一面就必然有“反”的一面，正反共存的状态就是矛盾。如果能够既不反对“正”也不忽视“反”，而是在接纳两者的基础上找到更高次元的解决方法，就能使世界向更好的方向发展。黑格尔将这种活动称为“扬弃”，通过扬弃得到的结果就是“合”。顺带一提，黑格尔于 1770 年出生于德国，差不多是和查普同时代的人。

由此可见，信息技术的发展也可以用辩证法来解释。查普将视觉通信的应用（正）和资金消耗大（反）进行了扬弃，试着找出解决办法（合），所以他才对拿破仑提出了上文的 3 条建议。虽然开放对民间的服务来传达金融信息与新闻的建议没能实现，但查普的提案实际上已经达到了“合”的境界，后来出现的电报就是最好的证明。

史上第一次网络犯罪

视觉通信带来的另一个反面效果，就是催生出了网络犯罪。利用视觉通信进行的犯罪（当时还没有“网络犯罪”这个词），引发了整个法国的震动与关注。

1834 年，也就是亚历桑德罗 · 菲利尔在巴黎和里尔之间开通私人视觉通信线路的第二年，曾经是银行家的弗朗索瓦 · 布朗和约瑟夫 · 布朗两兄弟计划利用视觉通信来大赚一笔。当时，巴黎股票市场的信息要通过邮递马车花费 5 天的时间送往 550 千米之外的波尔多，波尔多则根据这迟了 5 天的信息来进行股票交易。布朗兄弟从这个时间差里看到了机会。

如果利用视觉通信更快地将巴黎的信息送往波尔多，那么就可以在波尔多的股票市场上大赚一笔。最初布朗兄弟打算自己架设视觉通信线路，如果他们一直这样做的话就不会有后面的故事了。他们考虑到自己架设通信线路需要投入大量的成本，实现起来并不容易，于是两人决定利用现有的通信线路。他们求助于在里昂通信基地工作的一级监督官皮埃尔 · 雷诺。

法国的视觉通信系统的职务分为三级，从上到下依次是监督官、监视官、通信员，而位于最上位的监督官还分为三级。在主要通信基地工作的监督官职位最高，雷诺就是职位最高的一级监督官。

雷诺想到了一个秘密传递股票信息的方法，那就是利用通信过程中的错误修正机制。为了保证传达的信息内容准确，视觉通信拥有许多层检查机制，其中一层就是在通信过程中对错误进行修正。在视觉通信系统中，每10到15个通信基地属于一个管区。每个管区都有一个主要的通信基地，监督官在这里将信息解码，如果发现有明显的错误就会及时改正，然后再将信息内容编码化继续发送出去。

在巴黎到波尔多的通信线路上，这个主要通信基地位于距离巴黎大约220千米的图尔。而在图尔到波尔多之间没有主要基地。因此，从图尔发送出去的信息就会直接传到波尔多。于是，雷诺买通了在图尔通信基地工作的两名通信员，让他们在信息中夹杂巴黎的股票信息。同时，布朗兄弟还在巴黎雇用了一名退伍军人。这样一来，所有的“演员”就都到齐了，只等着上演一出好戏。

首先，在巴黎的退伍军人去确认股市情况。然后，他利用邮递马车给位于图尔的通信员发送包裹。包裹里装的是手套或者袜子，这些手套和袜子就是代表股票信息的暗号：“白色的手套 = 上涨了50生丁”，“其他颜色的手套 = 上涨了25生丁”，“白色的袜子 = 下跌了50生丁”，“其他颜色的袜子 = 下跌了25生丁”。因为手套和袜子是通信员的必需品，所以即便频繁地发送也不会引起怀疑。

通信员根据收到的包裹，将股票信息混杂在正确信息中发送出去。而雷诺则在波尔多的通信基地附近租了一间屋子，从这间屋子的窗户向外望去可以将通信基地的信号尽收眼底。如果雷诺发现信号中有表示股票信息的“暗号”，他就会立刻报告给布朗兄弟，而布朗兄弟则根据这些信息在股市中赚了个盆满钵满。

但正所谓纸包不住火。1836 年 6 月，其中一名被买通的通信员身患重病，他在临死前将所有秘密都告诉了照顾他的一个朋友。之后，这个朋友找到另一名通信员，表示自己也想在其中分一杯羹。另一名通信员坚称没有这件事，这个朋友就将所知的一切都告诉了警察。最终，相关通信员被逮捕，警方又顺藤摸瓜将布朗兄弟和雷诺一网打尽。

可能性的实现会催生出新的可能性

在视觉通信的时代竟然已经开始出现网络犯罪了，这可能出乎很多人的意料。但只要新技术具有正反两方面的可能性，那么被不法分子用来犯罪是早晚的事。

布朗兄弟的犯罪行为又导致了其他的可能性成为现实，那就是出现了含有网络犯罪元素的小说。这部小说的名字叫作《基督山伯爵》，是由著名作家大仲马于 1844 年到 1846 年创作的。

小说讲述了主人公唐泰斯蒙受不白之冤被捕入狱，但机缘巧合使他获得巨额财富，化名基督山伯爵向他的仇人们复仇的故事。在这部小说的《急报》和《驱鼠妙法》章节中，就出现了视觉通信机以及在通信基地中工作的通信员。而故事发生的舞台正是在巴黎到波尔多沿线上一个叫作蒙莱里的真实存在的通信基地。

基督山伯爵找到在蒙莱里通信基地工作的通信员，用 2.5 万法郎的巨额报酬（相当于现在的 160 万元人民币）买通他们，并让他们往巴黎发送虚假的信息。虚假信息的内容是西班牙国内暴乱频发。第一时间获取这一消息的基督山伯爵的仇人之一唐格拉斯立刻卖出了手中持有的西班牙国债。他以为自己成功避免了 50 万法郎的损失，谁知第二天的报纸上说，昨天的信息是误发的，其实西班牙国内局势平稳，结果西班牙国债一下子涨了两倍。也就是说，基督山伯爵通过发送假消息成功陷害了唐格拉斯。

关于这个故事的详细内容，感兴趣的读者可以参阅《基督山伯爵》，我提到这本书的目的是想让读者注意大仲马创作这部作品的时期。大仲马在 1845 年左右发表了这本书，当时布朗兄弟的案件已经发生，而且小说中故事发生的舞台就在布朗兄弟实施网络犯罪的从巴黎到波尔多的这条通信线路上。由此可见，大仲马在创作这个故事的时候很有可能借鉴了布朗兄弟的犯罪手法。

视觉通信的诞生导致网络犯罪的出现，而犯罪的手法又被作家参考创作成小说，这种结果谁能想象得到呢？如果说网络犯罪是反面的可能性，那么以网络犯罪的方法创作的小说就是正面的可能性。事实上，这部最初连载于《议论报》上的《基督山伯爵》，确实得到了读者的热捧。

在《基督山伯爵》连载结束的 1846 年，视觉通信网络的总长也达到最大值。从此之后，视觉通信就走向了低谷，最终在 1855 年被彻底废除。之后，取代视觉通信成为主要通信手段的是“电力通信”，也就是我们现在所说的电报。在第二章，我将为大家介绍这段过渡时期的历史以及电报给社会带来的冲击，但在此之前我还想多说一件事。

“必然”“积累”与“决策”

视觉通信诞生的背景是第一次工业革命之后人们对信息需求的提高。除此之外，法国在四面楚歌的情况下，也存在尽快获取国防信息的需求。在上述背景的综合作用下，视觉通信率先出现在法国。从这个角度考虑的话，视觉通信的诞生可以说是历史的必然。就算没有查普发明的悬臂通信机，也会有其他人发明出类似的信息技术。

查普发明悬臂通信机的过程也是一波三折。最初查普考虑的是利用当时最先进的科学技术——“电力”来开发全新的通信方法。但当时人类对电的相关理论知之甚少，技术积累十分薄弱，因此查普只能放弃使用电力，转而使用当时更为成熟的技术。

放弃电力之后，查普首先想到的是利用声音的钟摆式同期通信机。这个设备需要事先准备记有编码的文字盘，在文字盘上有会随着钟摆移动的指针。每隔几百米就设置一个这种装置，以敲打锅底的声音作为松开钟摆的信号。当听到发送信息的人敲打锅底时，接收信息的人只要确认指针所指的位置就能理解对方发送的信息内容。这种方法和古希腊时代的水通信十分相似。查普为了延长通信距离，将用来传递声音信号的锅换成了小号，不过因为噪声扰民遭到了周围居民的投诉，于是查普只能放弃利用声音来传递信息的方法。

查普想到的第二个方法是利用视觉的钟摆式同期通信机。这个方法和之前一样也需要带钟摆的文字盘，同时还需带有旋转的黑白显示板。通信员用望远镜确认显示板的颜色，当显示板颜色变化时解读指针的信息。1791 年，查普对这个设备进行了公开实验。除此之外，查普也开发了遮板式通信机的前身，用 5 个显示板来表示编码，用望远镜来确认信息。

经过上述的一系列尝试之后，查普最终完成了由 1 根横梁和 2 根悬臂组成的悬臂通信机。其中用到的技术包括望远镜读数技术、编码表编排技术、机械技术、钢铁技术、土木技术以及测量技术等。关于操作悬臂的机械部分，查普还特别邀请到了钟表匠阿伯拉罕 · 路易 · 宝玑前来帮忙。

喜欢手表的朋友对宝玑公司生产的高级手表肯定不会陌生，阿伯拉罕 · 路易 · 宝玑正是宝玑公司的创始人。因此，可以说悬臂通信机在硬件方面采用的宝玑设计的机械结构是当时最先进的技术。

历史的必然性与当时的技术积累，既是新技术诞生的基础，同时也是制约其发展的条件。但除此之外，外部环境与人类的智慧和努力也会对新技术的诞生产生影响。

利用声音和视觉的钟摆式同期通信、悬臂通信等，这些都是查普根据自己的创意和智慧发明的产物。事实上，当瑞典和英国开始采用遮板式通信机之后，查普选择遮板式通信取代悬臂通信也是有可能的。也就是说，悬臂通信之所以成为近代信息技术的开端，除了历史的必然性和技术的积累之外，还受个人选择的决策影响。

在心理学中，有一个被称为积极心理学（又称“幸福心理学”）的分类。积极心理学的创始人马丁 · 塞利格曼提出了用 3 个变量来表示幸福的“幸福公式”，即“幸福 = 遗传基因 + 生活环境 +

个人决策”。

如果将新技术的诞生套入这个公式，那么遗传基因、生活环境和个人决策就分别相当于历史的必然性、技术的积累和选择的决策。虽然人类的幸福和新技术的诞生是完全不同的两回事，但这个公式却是可以互相套用的。

凯文·凯利的著作《科技想要什么》也提出了同样的观点，他认为，科技元素由“结构的必然性”“历史的偶然性”以及“下意识的开放性”组成。关于这部分的内容本书不做具体讨论，感兴趣的读者可以自行阅读。

此外，布莱恩·阿瑟在《技术的本质》中提出了“发明是先进科技的全新组合”的观点，这正好强调了技术积累在新技术发明中的重要性。要想实现全新的组合，充分的技术积累是必不可少的。

再回到之前的话题，第一次工业革命这一历史事实，必然使人类对信息技术的需求得到提高。在这种“历史的必然性”的影响下，人类以“技术的积累”为基础，做出了怎样的“选择决策”呢？答案是“视觉通信”这一全新的信息技术，而且这项新技术诞生于法国而非率先实现工业革命的英国。在视觉通信诞生的40年之后，信息技术开始向使用电力的新阶段发展。

第二章

使用电力进行交流

革新与 S 形曲线

经济学家约瑟夫·熊彼特在 1912 年出版的著作《经济发展理论》中提出，“革新”是经济发展的原动力。人类通过生产要素和生产条件的组合来生产产品，而将前所未有的生产要素和生产条件进行组合就会产生出“新组合”。实现这种新组合才是经济发展的原动力，即熊彼特所说的革新。

大家不妨想象一下马车和汽车的类化。运输工具从马车变为汽车，经济得到了巨大的发展，而这种变迁是通过从旧组合变为新组合实现的。即便生产 1000 辆马车（旧组合），也无法诞生汽车（新组合）。

要想实现新组合的汽车，就必须采用与之前完全不同的生产要素和生产条件。借用熊彼特的话来说，就是“改变框架和惯行的轨道”，实现非连续的发展，也就是“通过改变轨道来实现全新的循环，通过变迁来打破均衡状态”。

这种革新的发展一般用 S 形曲线来表示。曲线初期阶段发展缓慢，当达到某个点（临界点或引爆点）的时候开始迅速增长，然后成长又趋于平稳。这条曲线因为接近 S 形，所以被称为 S 形曲线。这种曲线常用于对新消费品的研究。

此外，从长期的角度看技术的变迁，会发现这个过程中也存在不连续的S形曲线，而且先进技术在性能上的巨大优势也十分明显。比如马车和汽车都有自己的S形曲线。马车诞生之后迅速迎来普及，然后稳步发展。汽车则在马车稳步发展之际，在与马车完全不同的轨道上诞生，并且凭借技术的飞速发展获得了远在马车之上的性能。这种与之前的发展完全不同的S形曲线，就是熊彼特所说的改变框架和惯行的轨道。哲学家托马斯·库恩提出的“范式转移”就是对改变轨道的最好诠释。

综上所述，S形曲线的非连续出现使技术实现了长期的发展。如果以技术的性能为纵轴，以时间为横轴描绘一个图，显示出的结果将是许多个S形曲线向右上方不断发展。但要想更准确地理解熊彼特的理论，还应该在这个图上加入立体化的Z轴。Z轴代表框架，也可以说是思考方法和价值观。

比如，在Z轴上以一个点表示“用马牵引四轮车”这个框架，并画出S形曲线。与之相对的，“用蒸汽动力驱动四轮车”这个框架因为与马车的完全不同，所以应该在Z轴上另外一个完全不同的位置画出S形曲线。也就是说，Z轴代表了熊彼特提出的“框架和惯行轨道”。

以信息技术为例，从骑马邮递到视觉通信的变迁，就是从利用能够手持的媒介传达信息，到利用不能手持的媒介传达信息这一框架和惯行轨道的巨大改变。同样，从视觉通信到电报的变迁，也是从利用肉眼可见的视觉信号进行通信，到利用肉眼不可见的电力信号进行通信的框架和惯行轨道的巨大改变。

但电报的S形曲线在前期很长一段时间里都发展得非常缓慢。直到塞缪尔·莫尔斯发明的莫尔斯电码式电报诞生，电报才迅速席卷了整个世界。接下来，我将为大家简单介绍一下这段历史。

电磁式电报机的诞生

人类早在古希腊时代就已经知道电力的存在。但之后，人类对电力的了解一直没有什么进展，最多只是将磁力应用于罗盘上。直到 17 世纪，人们发现磁力和摩擦起电的区别，才终于发明出能够瞬间产生电力的摩擦发电机。18 世纪中期，人类发明了莱顿瓶，使得摩擦发电机发出的电力能够被储存起来，但莱顿瓶储存的电力只能使用一次。至于实现电力的稳定供给（当然用现代的眼光来看稳定度仍然算很低），则是 1800 年伏打电堆发明之后的事了。

人类对利用电力进行通信的研究，其实比研究视觉通信开始得更早。18 世纪中期，就有一个署名“CM”（据说其名叫查尔斯 · 莫里森或者查尔斯 · 马歇尔）的人在《苏格兰杂志》上提出利用电力来传递信息的方法。

这个方法需要事先准备代表 26 个字母的 26 根电线，接收信息一方的电线上都连着一个写有相应字母的纸片。发送信息的一方拿起想要传送的字母所对应的那根电线，用摩擦发电机在那根电线上通电。这样一来，接收信息一方的那根电线上连着的纸片就会被吸上来，于是接收信息的人就会知道对方想要传达什么字母。

CM 提出的这个关于电力通信的机制虽然非常简单，但却是第一次向世人揭示了电力通信的可能性。不过，CM 在论文中只提出了这种可能性而没有进行实验，实际进行实验的是法国的物理学家乔治·路易斯·勒萨吉。福泽谕吉在其著作《西洋事情》中也提到了勒萨吉："1774 年，法国人勒萨吉利用电力进行了通信。"

虽然在伏打电堆发明之后，利用电力进行通信的技术也没有取得太大的进展，但其发展速度确实在逐渐加快。比如，塞缪尔·斯默林将电解和 CM 的方法相结合发明了电解式电报机，英国的弗朗西斯·罗纳兹则进行了大规模的电报实验。但真正使电报技术得到飞跃式发展的，还要数丹麦的汉斯·奥斯特在 1820 年发现的电磁效应。

奥斯特在一次实验中偶然发现，当电流通过导线时会使磁针发生变化。他根据这种现象发现了电磁效应。后来，他又根据电流的这一特性发明了能够检测出电流的测电表。

而将测电表技术应用于电力通信的，是俄国的外交官维尔·希林。他想到可以利用电表指针的摆动来表现文字，于是制作了一个由 6 组电线、线圈和磁针组成的通信机。每根电线的另一头连接着一个拥有黑白成对按键的键盘，发送信息的人只要按下键盘上的按钮就可以传送电流过来。黑白两个按键传送的电流方向相反，这样就可以使相应的磁针指向"左""右""中央"（没有电流通过的状态）3 个位置。磁针指向的排列组合代表不同的数字和字母。

希林之所以会对通信机产生兴趣，据说是因为看到了好友斯默林制作的电解式电报机。但遗憾的是，希林的电磁式电报机也没能得到实际应用。后来，英国人威廉·福瑟吉尔·库克在希林电报机的基础上进行了改进，终于使电报成为通信技术的主角。

库克与惠特斯通的五针式电报机

库克在 1836 年辞去军队的职务后进入德国海德堡大学学习解剖学，不过偶尔也去旁听电力学的课程，并且在课堂上见到了电磁式电报机的演示。库克对这种通信装置产生出极大的兴趣，开始尝试开发同样的通信装置。但他在技术上遇到了许多难题，便找到伦敦国王学院的自然科学教授查尔斯 · 惠特斯通寻求帮助。1837 年，两人共同成立了一家公司，并且在英国获得了五针式电报机的专利权。这是世界上第一个关于电报机的专利。

库克和惠特斯通发明的五针式电报机呈钻石形，在编码盘上写有 20 个字母。编码盘的中央有 5 根水平排列的磁针，每根磁针通电后都能指向左右两侧。这 5 根磁针通过其中 2 根的移动就能指出编码盘上 20 个字母之中的一个。

从奥斯特发现电磁效应到五针式电报机的诞生，其过程可谓一波三折，但这正是根据过去的技术积累重新进行的“新组合”。换句话说，直到 19 世纪 30 年代后半段，利用电力进行信息通信的技术才终于积累到能够产生足以获取专利的“新组合”的程度。

但优秀的技术也未必一定会被市场所接受。要想将技术顺利地导入市场，好的营销能力必不可少。在这一点上，开发出五针式电报机的库克可以说是十分优秀，因为他选择了铁路公司作为新发明的第一个顾客。

当时的英国铁路公司使用一种被称为时间间隔法的方法来安排列车的运行，这种方法简单地说就是当前一趟列车出发一段时间之后再安排下一趟列车出发。但这种方法有一个非常致命的缺点，那就是一旦前一趟列车在途中因出现故障而停车，而下一趟列车却不知道前方的情况，就很有可能导致撞车事故。铁路公司为了避免出现事故，打算将时间间隔法改为当前一趟列车抵达前方车站之后再安排下一趟列车出发的距离间隔法。库克认为自己发明的电报刚好能够满足铁路公司的这一需求。

库克在 1837 年取得相关专利后，便向伦敦伯明翰铁路公司提出使用电报的建议，并且在尤斯顿和卡姆登镇之间（1.5 千米）进行了实验。虽然实验大获成功，但伦敦伯明翰铁路公司却并没有采纳库克的建议，因为他们仍然对电报缺乏信赖。顺带一提，当时这家铁路公司的管理者是被称为“火车之父”的乔治·史蒂芬逊的儿子罗伯特。

但另外一家名叫大西部的铁路公司对导入电报系统非常积极，于是委托库克和惠特斯通在帕丁顿和西德雷顿之间修建 21 千米的电报线路。大西部公司从 1839 年开始利用电报技术。后来又出现了只需要 2 根电线的电报机。技术的发展使库克与惠特斯通的电报事业越发兴盛，电报的 S 形曲线也终于开始上升。

值得注意的是，实现电报的最初普及并非最早出现近代信息技术的法国，而是率先完成工业革命的英国。正如前文所述，随着工业化的发展，信息的重要性与日俱增，但法国却比率先完成工业革命的英国更早出现视觉通信，是因为法国大革命之后新政府面临着内忧外患的局面，存在相关的需求。如果排除这一点，信息技术在率先完成工业革命的国家会得到更快的发展，这可以说是历史的必然。而电报最早出现在率先完成工业革命的英国，就是最好的证明。而且，这种新技术被堪称第一次工业革命主角之一的铁路率先采用，也非常具有象征意义。甚至说铁路与电报都是第一次工业革命的产物也不为过。

莫尔斯电报机的诞生

或许有人感到奇怪，为什么说到现在还没出现塞缪尔·莫尔斯的名字。毕竟一提到电报，很多人首先想到的就是莫尔斯这个名字。但实际上，莫尔斯这个名字被世人所熟知，是电报在英国普及之后的事情。也就是说，莫尔斯并不是电报的发明者。

塞缪尔·莫尔斯出生于 1791 年，他的父亲是被称为“美国地理学之父”的杰迪狄亚·莫尔斯。和库克一样，莫尔斯也是电力和通信的门外汉，他的本业是一名画家。1832 年，莫尔斯在从欧洲返回美国的船上偶然听闻利用电力进行通信的系统，这使得他萌生出发明莫尔斯符号和通信装置的想法。

莫尔斯的想法是利用电流的通（点）和断（空）来表示数字。比如要发送“323”的时候，就像“· · ·　· ·　· · ·”这样来对电流进行通和断。与此同时，只要再制作一个将英语单词和数字对应的编码本，就可以通过数字来传递信息。另外，发送的电流信号可以驱动电磁石的笔头，在纸卷上留下记录。锯齿形的线条表示电流的通和断。莫尔斯在归国的船上就将编码的传送方法、接收信号和进行记录的装置等，都用素描画在了笔记本上。

回到美国后，莫尔斯一边担任纽约大学的美术教授，一边在教学间隙制作电报机。但他因为缺乏电力的相关知识，所以只能向纽约大学的同事莱昂纳德·盖尔请教，并且在 1837 年成功完成了 16 千米的电报实验。库克和惠特斯通在英国取得五针式电报机专利也是在这一年。一个名叫阿尔弗莱德·维尔的人在看到莫尔斯公开的实验成果之后对电报的事业化很感兴趣，于是以共享专利权为条件向莫尔斯提供了资金援助。

正是在维尔的协助下，莫尔斯电报机的性能取得了飞跃性的提升。因为维尔的父亲是一家机械工厂的经营者，且维尔对机械装置的设计和制造也颇有心得。

首先，维尔对电报使用的编码进行了改良。最初莫尔斯是利用点的数量来表示数字，然后用数字对应特定的单词，而维尔则将电流点和划的排列组合直接对应特定的数字和字母。维尔专门去报社调查了每个字母的使用频率，然后将 E 和 T 这种使用频率比较高的字母用简单的编码表示。最后的结果是，E 只用一点、T 只用一划来表示，P 和 Q 等使用频率比较低的字母则用四五个点或划的排列组合来表示。

然后，维尔又根据编码的特征发明了信号发送装置——电键。这也可以说是维尔做出的重大贡献之一。他还废除了用锯齿形的线条做记录的方法，改为上下移动记录点和划的方法。

有人认为，维尔改良的莫尔斯电码可以看作是由点和划组成的二进制信号，但这种观点是错误的。因为莫尔斯电码中除了点和划之外还有空格，而且空格也有长短之分。

在打点和划的时候，中间需要间隔与点同样长度的空格。而在两个单词之间要间隔相当于 3 倍点长度的空格，在两段文章之间则要间隔相当于 6 倍点长度的空格。这样一来，莫尔斯电码就相当于使用了点、划、编码间的空格、单词间的空格、文章间的空格这 5 种编码方式来表现对应的信息。

由此可见，使用莫尔斯电码的电报，并不属于二进制的通信方法。但由于表示各个字母的信号拥有离散的特征，所以莫尔斯编码采用的是数字方式。也就是说，继视觉通信之后席卷整个世界的莫尔斯电报，采用的也是数字的通信方法。

从 60 千米拓展到 6 万千米的美国电报网络

虽然库克和惠特斯通的电报机顺利地打入了市场，但莫尔斯电报机却一直没能受到市场的关注。直到 1838 年，在维尔的帮助下实现大幅改进的莫尔斯电报机，才终于得到了为华盛顿的国会议员进行演示的机会。但议员们对莫尔斯电报机的反应却十分冷淡。同年，莫尔斯为了取得专利而前往英国，却在库克和惠特斯通的阻挠下没能如愿。不甘心的莫尔斯又前往法国，结果也失败了，最终他只能两手空空地回到美国。

1842 年，莫尔斯终于得到了幸运女神的眷顾。经过和美国政府的谈判，莫尔斯得到了在华盛顿到巴尔的摩之间（64 千米）修建电报线路的许可，并且从美国议会获得了 3 万美元的预算。现在看来，这个时间和地点对莫尔斯都非常有利。1844 年，当线路工程修建到距离巴尔的摩还剩 24 千米的时候，巴尔的摩正在举行民主党总统候选人的选举。莫尔斯等人立刻利用正在修建中的电报线路，将谁当选了总统候选人的消息第一时间传往华盛顿。

选举的结果在 5 月 1 日发布，当选美国总统候选人的是詹姆斯・波尔克（后来的美国第十一任总统）。在巴尔的摩得知这一消息的人利用火车将消息传给正在工地上修建通信线路的维尔，维尔则用电报将信息传给了在华盛顿的莫尔斯，莫尔斯立即将波尔克成为美国总统候选人的消息公之于众。大约一小时后，从巴尔的摩开来的火车抵达华盛顿，并且带来了波尔克当选美国总统候选人的消息。这下子，就连之前半信半疑的人也不得不承认电报的实力了。

这个故事，简直就是当年法国利用视觉通信传达了夺回孔岱这一捷报的翻版。视觉通信第一时间将前方的捷报传回巴黎，证明了视觉通信的有效性。莫尔斯也通过第一时间将候选人的信息公之于众，证明了电报通信的有效性。

1844 年 5 月 24 日，从华盛顿到巴尔的摩之间长达 64 千米的电报线路正式竣工，并且发出了第一条信息。莫尔斯从华盛顿向等在巴尔的摩的维尔发送的信息是“What hath God wrought”（上帝创造了何等奇迹）。随后，电报在美国以惊人的速度普及开来。莫尔斯一边筹集资金，一边在纽约与波士顿之间、布法罗与费城之间修建电报线路。1848 年，美国电报线路的总长度已经达到 3200 千米。

到 1850 年，美国出现了近 20 家电报公司，而美国电报线路的总长度也接近 2 万千米。4 年后的 1854 年，美国电报线路的总长度迅速延长至 6.6227 万千米。美国的电报事业在极短的时间内就完成了 S 形曲线的抬升。

1854 年，马休・佩里的黑船抵达日本，日美两国签订了《日美亲善条约》。当时，佩里送给德川幕府的礼物就是四分之一比例的蒸汽机车和莫尔斯电报机（这个电报机现在被收藏在东京天空树的邮政博物馆中）。19 世纪 30 年代，蒸汽机车在美国迅速普及，19 世纪 50 年代美国铁路的总长度为 1.45 万千米，而到了 19 世纪 60 年代，这个数字就增加到了 4.9 万千米。佩里将代表美国当时最先进文明的蒸汽机车和电报机赠送给德川幕府，大概是为了向日本炫耀美国拥有的科学技术实力吧。

英国与法国的电报事业

与美国一样，英国的电报事业在同期也取得了飞速的发展。1850 年，英国电报线路的总长度超过 1 万千米，拥有 180 个电报局，1 年传送的信息数量多达 3 万条。到了 1860 年，英国电报线路的总长度达到 8.249 万千米，电报局总数多达 1032 个，1 年传送的信息数量超过 186 万条。

那么，在视觉通信的时代走在信息技术最前端的法国又是怎样的情况呢？1838 年，莫尔斯曾前往法国推销自己的电报机，他还参与了从巴黎到圣日耳曼之间铁路沿线电报线路修建的招标。但莫尔斯并没能中标，因为法国政府认为将通信线路的运营权交给外国的私人企业存在风险。因此，法国政府在巴黎和圣日耳曼之间开通电报线路的计划以失败而告终。

就这样，法国政府在电报的使用上比英国和美国都慢了一步。直到 1844 年，法国才在巴黎和鲁昂之间进行了第一次电报通信实验。1845 年，法国终于正式开通了电报服务。

当时的法国正处于国王路易 · 菲利普的统治之下，统治阶级与民众之间经常爆发大规模的冲突。因此，当路易·菲利普在鲁昂附近度假的时候，他就利用电报来把握巴黎发生的情况。

可能路易·菲利普因此意识到了电报的便利性，于是在1846年，法国政府就决定将所有的视觉通信网络都替换为电报网络。第一条替换的线路就是从巴黎到里尔的线路。1855年，法国的视觉通信网络被彻底废除。从1794年正式开始服务到1855年被彻底废除，视觉通信在法国正式运营了61年。

由此可见，电报的S形曲线始于19世纪30年代后半段，在19世纪40年代达到了引爆点，并进入急速上升的时期。另一方面，如果以法国彻底废除视觉通信网络的时间点为基准，那么旧技术（视觉通信）的S形曲线和新技术（电报）的S形曲线之间就存在大约20年的重叠。可以说，这段时间也是社会整体从旧技术轨道转移到新技术轨道的时间。如果用梅棹忠夫的理论来说，这段时间就是以视觉通信为中心的设备群转变为以电报为中心的设备群的过程，也可以说是变迁的过程。梅棹忠夫所说的“设备群”，指的是人类创造出来的一切有形或无形的人工物。信息技术在这个设备群中占据极为重要的位置，这也意味着信息化社会的到来。

旧技术的破坏与新技术的创造

在视觉通信的设备群被替换为电报这一完全不同的设备群的过程中，出现了许多值得关注的现象，比如旧信息技术的破坏和新信息技术的创造都进行得非常彻底。关于这一点，只要与视觉通信替换邮递马车时的情况进行对比，就会很容易理解。

邮递马车是将记录在手持媒介上的编码从发送方送往接收方，这属于对记录在纸张上的文字进行输送，也就是信件的发送。与之相对的，视觉通信则是利用不可手持的媒介对编码进行远距离的传送。接收方需要通过望远镜来确认视觉信号。因此，视觉通信比较适合用来快速地传达信息量较少的信息，而不适合用来传达像百科辞典那样大量的信息。如果需要传递大量信息的话，还是利用邮递马车比较合适。除此之外，法国的视觉通信网络只有政府才能使用，不向普通民众开放。

基于上述种种原因，即便在视觉通信普及之后，身为旧技术的邮递马车仍然生存了很长一段时间。之所以会出现这种情况，是因为在 S 形曲线的模型上，邮递马车和视觉通信在 Z 轴上对应的位置相隔很远，一条 S 形曲线无法将另一条 S 形曲线完全破坏。

换句话说，邮递马车和视觉通信在“框架”上存在着巨大的差异，各自满足的是不同的需求。所以，即便新旧技术在变迁的过程中互相影响，但最终会通过自我调整来实现在新秩序中的共存。这就和草本植物出现之后苔藓仍然存在，灌木大量生长之后草本植物也没有灭绝是一个道理。

但当视觉通信被替换为电报时，旧信息技术却遭到了彻底破坏。随着电报的普及，视觉通信从整个世界彻底消失。正如熊彼特所言“革新的特征就是创造性的破坏”，电报被创造出来并且以不可阻挡的势头将视觉通信彻底破坏的这一过程，就是创造性破坏的过程。

视觉通信和电报之所以会出现创造性破坏的过程，是因为两者在 Z 轴上的位置相距太近，甚至几乎重合，因为这两种通信方法在 Z 轴上的定位都是利用“不可手持的媒介”作为通信手段。

两者在通信手段上完全相同、其他特征无法实现差异化的情况下，更有效率的一方被保留下来，而没有效率的一方则必然被彻底淘汰。在这一点上，视觉通信将视觉作为通信的方法，而电报则将电力作为通信的方法，两者谁更有效率可以说是一目了然。于是，视觉通信的旧 S 形曲线就要给电报的新 S 形曲线让路。值得注意的是，虽然新旧 S 形曲线并不连续，但从宏观的角度来看，技术的整体趋势却是一直向右上方连续发展的。也就是说，从视觉通信到电报的变迁，可以看作是既不连续而又连续的发展。

过渡时期的折中方案

从视觉通信到电报的创造性破坏的过程，就是从旧设备群到新设备群的变迁。在设备群之中，含有人类创造的制度和秩序，还存在设备群与人类的相互作用。因此，设备群的替换，也就意味着制度和秩序以及相互作用发生了巨大的转变。在这个过程中，也会产生许多耐人寻味的现象。

在社会内部会出现许多强烈反对新技术的个人和组织。刚诞生不久的新技术大多不太成熟，而站在已经十分成熟的旧技术的立场上来看，这种不成熟就变得更加明显。

视觉通信的拥护派提出“任何人可以在任何时候切断用来进行电报通信的电线，使电报失去作用”；这是因为视觉通信不存在电线，所以不可能被切断。这种强词夺理的借口充分地表现出这部分人对新技术的抗拒。

在电报的效果逐渐得到认可，视觉通信逐渐处于劣势的过程中，旧势力还会想办法采取协调新旧体制的措施。1845 年，法国正式开始提供电报服务。当时，担任政府通信网络负责人的阿尔冯斯·福尔下令制作与视觉通信具有互换性的电报机。在多个设计方案中最终被选定的，是曾经负责视觉通信设备机械部分设计的阿伯拉罕·路易·宝玑的孙子——路易·克莱门特·宝玑发明的设备。

这个被命名为"福尔－宝玑电报机"的设备，主机部分是一个小木柜，前面装着一个和视觉通信机十分相似的迷你版调节器，在调节器的两端是两根指示器。不过，这个电报机的调节器是固定的，只有两端的指示器会在电流的作用下移动。这样一来，通信员就可以继续使用已经非常熟悉的查普代码来发送电报。福尔的这种方法有许多好处。

首先，通信员可以继续沿用之前的知识和经验，将学习成本降到最低。政府也不必投入太多的时间和预算用于教育。其次，这样做也可以维持对原通信员的雇用。担任通信员的人大多是在战争中负伤的军人，视觉通信相当于给残障人士提供了工作的机会。如果将视觉通信网络全部废除，那么许多劳动者都将失去生活的保障。福尔就是考虑到这些问题，才下令制作与视觉通信具有互换性的电报机。

在旧技术被新技术替换的过程中，制度和秩序以及人类所需的知识和技能都将发生巨大的变化。在现有制度之中获得利益的人，也就是所谓的既得利益者，肯定会对变化表现出强烈的抵制。而已经适应了旧技术的劳动者，也会因为现有的知识和技能遭到淘汰而失去工作，所以也会对变化表示强烈的反对。这样一来，人们就不得不摸索出一个在保留旧制度的前提下发展新技术的折中方案。福尔下令制作的福尔－宝玑电报机就是一种折中方案的产物。

但福尔－宝玑电报机的生命十分短暂。因为驱动两根指示器需要更多的电线，这就增加了许多成本。此外，实际使用福尔－宝玑电报机进行通信的通信员们，自己开发出了只需要一根指示器就能发送字母编码的新设备。这样一来，就没必要保留两根指示器了。于是，法国政府在 1855 年将电报方式统一改为莫尔斯式，停用福尔－宝玑电报机。这个用来照顾旧制度的折中方案就此消失。

由此可见，在从旧技术转变到新技术的阶段，会出现在保留旧制度的同时发展新技术的折中方案。但强迫新技术适应旧制度，肯定会产生矛盾并影响效率。于是，折中方案逐渐会被废除，诞生出适应新技术的新制度。现在也存在同样的现象，关于这一点我将在第七章详细解说。

顺带一提，为悬臂通信机设计机械部分的阿伯拉罕·路易·宝玑对查普将发明悬臂通信机的功劳全部独占这件事耿耿于怀，他一直宣称自己才是悬臂通信机真正的发明者，甚至还开发了另一种视觉通信机与悬臂通信机对抗。宝玑的举动令查普大为头疼，据说这也是导致他抑郁和自杀的原因之一。可以说，查普和宝玑这两个家族因缘不浅。此外，视觉通信型的福尔－宝玑电报机和悬臂通信机都在 1855 年从法国销声匿迹，这样的巧合实在是令人感慨。

连接世界的电报线路

电报在彻底替代视觉通信后，以极快的速度实现了普及。尤其值得注意的是，电报的普及范围扩大到了全世界。

在视觉通信时代，通信网络基本只涵盖本国范围。虽然在瑞典与芬兰、法国与西班牙的视觉通信网络之间也有信息交流，但这种信息交流并不是通过直接相连的通信网络实现的，而是通过人工传递的。而到了电报时代，覆盖全世界的电报网络将全世界都连到了一起。

1849 年，普鲁士国营电报开通了柏林与比利时边境古城亚琛之间的通信线路。1850 年，法国巴黎与比利时布鲁塞尔之间的电报线路开通；同年年末，亚琛与布鲁塞尔之间 160 千米的电报线路开通。这样一来，巴黎与柏林之间也可以通过电报进行通信了。

1851 年，全世界第一条国际海底电报线路在加来与多佛尔之间开通。可以说，这条海底电报线路的开通是推动电报通信网络向全球范围扩张的重要契机。1852 年，英国的威尔士与爱尔兰之间、苏格兰与爱尔兰之间都开通了海底电报线路；同年，英国与比利时及丹麦之间横跨北海的海底线路也宣告完成。

1858 年，美国实业家赛勒斯 · 菲尔德成功铺设了纽芬兰与爱尔兰之间横跨大西洋的海底电报线路。时任美国总统布坎南与英国女王维多利亚即通过这条线路进行了交流。但两个月后这条线路就失效了，直到 1866 年美国和英国之间才真正实现稳定的电报通信。

为了将各个国家的电报网络连接起来，国与国之间的合作必不可少。1865 年，在拿破仑三世的提议下，一场以构筑国际电报系统为目的的会议在巴黎召开，会上成立了国际电报联盟，它就是现在联合国下属机构国际电信联盟（International Telecommunication Union，ITU）的前身。但英国并没有参加这次会议。

英国在 1865 年开通了英国与其殖民地印度之间的电报线路。随着电报网络的不断扩大，英国与印度之间的通信需求也得到了满足。不过，当时的通信质量非常差，一条信息平均需要 5 ～ 6 天的时间才能送达。而且，这条通信线路在沿途都需要经过当地的电报局，存在信息泄露的危险。于是，英国决定铺设属于自己的通信线路。1870 年，该线路正式开通，英国王子在开通仪式上从伦敦给印度总督发送了电报，30 秒之后就得到了回复，会场响起了热烈的欢呼。

同年，英国资本修建的电报线路又继续向东延伸，经由印度孟买、斯里兰卡、新加坡、印度尼西亚雅加达等国家和地区直达中国上海。1871 年 6 月 26 日，丹麦大北电报公司接通了中国上海和日本长崎之间的电报线路，使长崎与伦敦之间也能够进行电报通信。当时日本的明治政府刚成立不到 3 年，日本就已经成为环球电报网络的一部分。

隐形武器

1887 年，全世界海底电报线路的总长度突破 21 万千米。同年，英国资本控制的电报网络比例达到全世界的 70%，其中一半属于英国大东电报局。英国之所以在电报领域拥有如此强大的统治力，有以下 3 个原因。

首先，英国的企业拥有优秀的电报线材生产能力。电报线材因为需要防止电力衰减，所以对技术实力有很高的要求。当时，拥有全世界最高技术水平的企业就是英国的电报建造与维护公司。19 世纪，该公司在全世界电报线材市场的份额接近七成。

然后，海底电报线路的铺装和维护也需要极高的技术实力，而且运输电报线材还需要专用的船只。最初，能够铺设海底电报线路的蒸汽船只有英国的大东号。塞勒斯 · 菲尔德指挥铺设横跨大西洋的海底电报线路时用的就是这艘船。后来，许多国家都开始建造专门用于铺设海底电报线路的船只。到 19 世纪末，专用船只的数量已经达到 30 艘，但其中 24 艘归英国资本所有。

最后，生产电报线材和庞大的专用船只都需要巨额的资本，而英国拥有许多愿意冒风险投资的资本家。英国在 1868 年以远超市场价的金额收购民间企业的电报设备，将国内的电报事业全都收归国有。据说，流入民间市场的这笔资金，又被民间的资本家们投入到了海底电报线路的铺设之中。

正是凭借着强大的技术优势、充足的资金以及企业家精神，英国一跃成为世界电报网络的霸主，并且于 1902 年成功构筑了环绕世界一周的电报线路。在电报网络覆盖整个世界的过程中，就已经有人写文章将电报线路比喻为“大脑”和“神经系统”。全世界的信息都通过这个神经系统被优先送往伦敦，而英国自然可以随心所欲地使用这个系统。比如，英国能够比其他国家早 2 ～ 3

个小时获得与政治和商业相关的重要信息。世界各地的信息都必须先送往伦敦，这对于伦敦的金融街来说是非常大的优势。伦敦以最新的信息为基础制定市场价格，再通过电报将价格发送给世界各国，这就使伦敦的国际金融中心地位变得牢不可破。英国利用电报将克劳德·查普的梦想变为了现实。

能够第一时间获取信息的优势还影响到英国的外交。1884 年 6 月，中法战争爆发。法军在这次战争中失败，英国外交部率先得到这一消息，并且立即将消息发给了英国驻法大使，而这个时候法国政府甚至还没有得到报告。

1898 年发生的法绍达冲突，也使世人认识到全球规模的电报网络在军事上的重要性。当时，英法两国都想占领尼罗河流域，法国派出的探险队和英国军队在位于尼罗河上游的法绍达形成对峙，两国都等待本国发来的进一步指令。英国军队可以从埃及向本国发送电报，法国方面却没有有效的电报通信手段，被逼无奈只能向英军借用通信设备。但英军拒绝了法国探险队的请求，并且向国内发送了一条极其夸张的信息用来欺骗法国。英国凭借电报传递的信息，成功地获得了外交上的优势。

社会学家丹尼尔·海德里克在其著作《隐形武器》中介绍了上述内容，正如这本书的标题所说的，电报就像是一个“看不见的隐形武器”，英国正是利用这个武器获得了政治、经济以及军事上的巨大优势。大英帝国在维多利亚时代取得世界霸权的原因之一，就是因为拥有这个强大的隐形武器。

凭借电报力量崛起的报社

从能够在政治和军事上带来优势的角度来看，电报可以说是主要为国家服务的信息技术。在电报之前出现的视觉通信也是主要为国家服务的信息技术。虽然法国和美国曾将一部分视觉通信网络用于商用，但视觉通信网络主要还是为政府和军方传送信息。与视觉通信不同的是，电报不但为国家服务，在民用领域也取得了长足的发展。因为电报本身就是诞生于民间的信息技术，所以面向普通民众开放可以说是一种必然。

比如英国人库克和惠特斯通的事例，起初他们就是在英国大西部铁路公司的委托下开始架设电报线路的，后来库克又向大西部铁路公司提出扩大电报线路的建议，但却没有得到对方的采纳。于是，库克提出由自己独立运营电报事业，铁路公司方面可以免费使用电报服务，但库克也可以利用电报线路为普通民众提供服务。1841年，大西部铁路公司的电报线路扩大到斯劳，电报服务也终于对普通民众开放。另一方面，美国的电报事业在1845年也开始向普通民众提供服务。

虽然电报已经对普通民众开放了，但绝大多数人还不知道这项技术能用来做什么，因此电报开放之初几乎没有民众使用。民间最早认识到电报的作用并且成为电报最大客户的是报社，使用电报的报社是为了比其他报社更早地获取最新消息。但报社使用电报的起因则稍微有些复杂。

在电报尚未普及的1814年，英国的《泰晤士报》就已经导入了以蒸汽为动力的印刷机。这使得报纸的印刷量从每小时250

张增长到 1000 张。到了 19 世纪中期，蒸汽印刷机的性能又得到了提升，报纸的印刷量突破了每小时 1 万张。

但是，如果不能将印刷出来的报纸全都卖出去，那么印刷量再高也毫无意义。如果想提高报纸的销量，就应该在尽可能大的范围内、尽可能多的地点销售，而蒸汽机车刚好能够满足报社的这一需求。

有了蒸汽印刷机的大量印刷，也有了蒸汽机车的大范围配送，接下来就是获取更多读者的支持来实现大量销售。为了实现这一目标，各个报社都想尽一切办法第一个报道最新消息。在这个过程中，报社逐渐意识到电报的价值。

1844 年 8 月 6 日，维多利亚女王的第二个儿子阿尔弗雷德·恩斯特出生。这个消息迅速从女王居住的温莎城堡传到 4 千米外的斯劳站，然后通过电报被送往伦敦（斯劳有电报局真是非常幸运）。获得这一消息的《泰晤士报》在 40 分钟之后就出版了王子诞生的号外，这可以说完全是电报的功劳。

后来，新闻记者也开始利用电报来传送稿件。第一个用电报传送新闻稿件的记者名叫亚历山大 · 琼斯，他在 1846 年从纽约向华盛顿发送了一条电报，内容是“奥尔巴尼号战舰在布鲁克林海军工厂下水”。自那以后，电报就变成了报社必不可少的重要工具。

很多报纸都开始以“电报”命名，比如《电报新闻》《每日电报》《晚间电报》《周日电报》等，或许是因为电报一词会使人联想到最新消息吧。克劳德 · 查普发明的这个用于指代视觉通信的专有名词，到了这个时候又开始被报纸所采用。

通过电报发展壮大的通讯社

电报对于通讯社来说也是不可或缺的一门技术。通讯社是专门面向报社、杂志社、广播、电视等媒介机构发布新闻和信息的组织，它本身不向普通大众发送新闻。在视觉通信的时代就已经有通讯社的存在。法国的夏尔·哈瓦斯成立了近代第一家通讯社。

哈瓦斯先是在 1832 年成立了哈瓦斯事务所，然后在 1835 年发展壮大为哈瓦斯通讯社。哈瓦斯在各国都设有通信员，这些通信员将哈瓦斯从巴黎发来的新闻翻译成当地语言并进行编辑，然后再发给订阅的客户。最初订阅的客户以外交官、商人以及金融业者为主，而以发表评论文章为主的报社似乎对新闻不太感兴趣。

哈瓦斯通讯社堪称近代通讯社的鼻祖，因为后来与哈瓦斯通讯社并称为“欧洲三强”的另外两家通讯社的创始人都出自哈瓦斯通讯社，这两个人分别是保罗·路透和贝纳德·沃尔夫。前者以英国为据点成立了路透社，后者则以德国为据点成立了沃尔夫社。这两人一直到 1848 年末都在哈瓦斯通讯社中从事翻译工作。

通讯社成败的关键就在于能否第一时间入手准确的信息。为了达到这一目标，通讯社可谓“八仙过海”。从邮递马车到飞鸽传书，全都被通讯社用来传递信息。日本作家广濑隆曾经在作品中提到，哈瓦斯用望远镜偷看视觉通信的编码来发送新闻，因为视觉通信的编码是所有人都看得见的，只要有编码本就能够解读信息内容。如果广濑隆说的是真的，那么哈瓦斯肯定通过某种手段从政府手中拿到了编码本。

总之，在电报普及之前，通讯社会想尽一切办法尽早获得信息，因为这就是通讯社赖以生存之道。所以，当电报诞生之后，通讯社就立即将其当成第一时间获得新闻的手段，并且迅速采取了行动。

1849 年 10 月 1 日，柏林与位于比利时边境的亚琛之间的电报线路开通。几天后，从哈瓦斯通讯社辞职的沃尔夫在柏林成立了沃尔夫电报事务所。他这样做的目的当然是利用电报发送新闻。与此同时，路透也从哈瓦斯通讯社辞职，并且在亚琛成立了通讯社。

1850 年，巴黎与布鲁塞尔之间也开通了电报线路。路透发现，在布鲁塞尔和亚琛之间还没有电报线路连接。如果他能够以最快的速度在相距 130 千米的两地传递信息的话，就可以实现巴黎与柏林之间信息的高速交流。于是，路透利用飞鸽传书连通了布鲁塞尔到亚琛之间的线路，使巴黎与柏林之间能够快速进行信息交流。

但路透的这门生意并没有做太久，1851 年初，亚琛和布鲁塞尔之间就开通了电报线路，巴黎到柏林之间可以完全通过电报交流信息。不过，这个时候路透结识了因为铺设电报线路而来到亚琛的维尔纳 · 西门子（西门子公司的创始人），并且得知多佛尔海峡已经铺设了海底电报线路，这意味着伦敦和巴黎之间的电报线路即将开通。于是，路透在西门子的邀请下于 1851 年前往伦敦，踏上了建立世界顶级通讯社的征程。

路透遵循着“电缆到哪我到哪”的信条，跟着电报线路拓展业务范围，坚持收集与发送最新的消息。在上海与长崎之间开通电报线路一年之后的 1872 年，路透社就在长崎安排了通信员。当时，丹麦大北电报公司在长崎设有电报局，而路透社正是聘请了该电报局的电报员兼职通信员。

虽然路透社并非英国国有，但其收集到的信息仍然给英国带来了巨大的收益。因此，如果说电报线路相当于一个神经系统，那么在电报线路终端承担绝大多数信息收集与发送任务的就是通讯社。

电报改变生活

电报也对人类的生活产生了巨大的影响，而人类对这种影响则表现出各种各样的反应，最大的影响之一就是创造了全新的工作岗位。随着电报的诞生，电报员这个职业出现了。因为电报技术是一项专业技能，所以有些拥有优秀技术的电报员为了追求更高的待遇会选择跳槽。关于电报员的具体内容，可以参阅松田裕之的著作《莫尔斯电报员的美国史》和《穿裙子的电报员玛凯丽》。

信童也是电报催生出的职业之一。电报局接到电报之后，会将电文转为文章记录在信纸上，而信童的职责就是将这封电报送到收件人的手上。信童大多是贫困家庭的孩子，这份职业赚取的收入是他们家庭重要的经济来源。

很多名人小时候都当过信童维持生计，比如“发明家”托马斯·爱迪生、“钢铁大王”安德鲁·卡耐基、“广播之父”戴维·萨尔诺夫等。虽然电报摧毁了视觉通信相关的工作岗位，但也给了一些贫穷的孩子们以梦想和希望。

新技术创造出新岗位应该算是意料之中，但电报使人们有了天气预报的概念，这件事对于电报的发明者来说就有些出乎意料了。1854年，参加克里米亚战争的英法联合舰队在海上遭遇了暴风雨的袭击，伤亡惨重。这次事件之后，人们意识到天气预报的重要性。同年，英国设立了气象局，开始通过电报从各地收集气象信息并分析绘制天气图。《泰晤士报》也开始每天刊载气象信息，对农作物投资者、农夫、水手来说，这是非常宝贵的信息。

随着对天气状况关注度的提高，人们的时间意识也逐渐发生了改变。在19世纪，各个地区的时间各不相同，并没有统一的标准时间的概念。一般都是在市中心的广场上有一个时钟塔，生活在周边的人们以时钟塔上的时间为准；而没有时钟的地区就以当地太阳最高的时间作为正午。如果生活范围很小的话，没有标准时间的影响并不大；但据说在1870年的时候，从华盛顿搭乘蒸汽机车前往旧金山的一路上要调整200多次时间。这就显得非常麻烦了。

为了解决这个问题，铁路公司自己设定了标准时间。但随着电报的普及，标准时间覆盖的范围就需要进一步扩大。比如电报的内容是“请于明日上午10点之前回复”，如果送信人和收信人的时间不同就会导致严重的问题。在电报出现之前，难以同步共享时间是阻碍标准时间范围扩大的主要因素，而电报的出现则完美地解决了这一问题。英国早在19世纪40年代就于格林尼治天文台和电报局之间开通了电报线路用来传达时间信息。

1884年在华盛顿召开国际经度会议，会议决定以格林尼治天文台的所在地作为本初子午线，将地球划为 24 个时区。顺带一提，首次向全球发送世界标准时间的是法国，时间是 1913 年 7 月 1 日上午 10 点，使用的通信方法是埃菲尔铁塔上的无线电，全世界的 8 个中转站接收了这一信号。因为无线电之间的电报需要电报员来传达，所以要向全世界同时发送时间信息基本上是不可能的。

电报编码的优势与弊端

由于记者和通信员频繁使用电报传递信息，报社和通讯社就不得不支付高昂的通信费，尤其是从海外发送电报的费用非常昂贵，于是，就发生了下面的故事。

1908 年，日本第一次举办了环游世界一周的包价旅游。主办方是朝日新闻社，承办方是托迈酷客旅游公司。在旅游团从美国的奥克兰前往盐湖城的路上，同行的东京朝日记者杉村广太郎在内华达州的里诺站向总部发送了一份电报。

这条信息换成日文的话有 160 多个字，费用总计 48 美元 75 美分。当时 1 美元相当于 2 日元，也就是说这份电报花了大约 100 日元。当时的 100 日元换算成现在是什么价值？ 1908 年在日本一碗荞麦面的价格是 3 钱，100 日元能买 3333 碗荞麦面；而现在一碗荞麦面的价格是 240 日元，将这个价格乘以 3333 的话，当时的 100 日元大约相当于现在的 80 万日元。杉村似乎也对如此高昂的费用感到非常恼火。

因为费用太贵，所以记者和通信员都会尽可能地省略掉修饰词，用最简洁的文字发送信息，至少这样可以使通信费降低一些。而这种独特的文体逐渐演变为我们现在所说的“电报体”。后来，记者们又发明了一种将电报体进一步简化的方法，这种方法只写出文章的概要，接到电报的记者则根据概要将其润色成文章。可以说，简化就相当于编码，润色则相当于解码。

但有时候文章过于简略，会出现让收信人看不懂的情况。有一次，路透社的年轻编辑收到从美国发来的电报，上面只有 3 个单词“McKinley Shot Buffalo”。McKinley 是美国第 25 任总统麦金莱，但后面的两个单词，这位年轻的编辑就看不懂了：“为什么美国总统要射击野牛呢？”就在他感到困惑的时候，另一位老编辑看到了这份电报，立刻意识到电报的内容应该是“麦金莱在布法罗遭到枪击”（McKinley was shot in Buffalo）。1901 年 9 月 6 日，时任美国总统麦金莱在纽约州的布法罗遭到暗杀。幸亏老编辑经验丰富，路透社才没有错过这个重大消息。

或许有的读者会想到，既然已经简略到这种程度了，那不如用编码进一步缩短电报内容，其实当时也确实有人这样做了。金融行业的人创造了用来代表价格涨跌的编码，而关于电报编码化的书籍在商人群体中十分畅销。比如威廉·克罗森·休的《ABC 国际商用电报编码》和 E.L. 宾德利的《宾德利完全版编码术语集》，商人们几乎是人手一本。在宾德利的代码术语集中，商界的常用语都被压缩到非常短的程度：

您能接受的价格是多少？（At what price can you buy?）

……hipog

什么时候能交货？（When can you ship ？）

……risud

目前考虑中，尽快作出回复。（Is under consideration，will reply sortly.）

……denop

等待下一步行动的指示。（A wait instructions before taking further action.）

……adtur

如果不参照术语集的话，就完全无法猜出“bipog”和“risud”是什么意思。其实，书中编码都是 5 个字母也是有原因的。编码都是字母的排列组合，电报员因为不知道编码的意思，所以经常出现输入错误的情况。为了尽量减少错误的发生，国际电报机构规定每个单词最多不能超过 10 个字母。所以将编码控制在 5 个字母，也是为了让电报的内容能够符合国际规定。

比如“denopadtur”，就用一个单词传达了“目前考虑中，尽快作出回复。等待下一步行动的指示”这一信息。此外，还有电报中间商专门收集 5 个字母的信息，将这些信息整理为 10 个或者 20 个字母之后一起发送。这种用同样的电报费发送更多信息的方法被称为“捆包”。

将信息编码化不但可以节省费用，还能防止电报的内容被电报员知晓，起到了保密信息的作用。因此，对于经常使用电报的人来说，编码表是必不可少的。不过，很多人在买了编码表之后为了更好地保密信息，会在自己的小圈子内部将编码表稍微修改一下之后再使用。针对这种现象，编码表的作者之一提出这是明显的侵犯著作权行为，应该立即禁止。也就是说，电报的出现也引发了著作权的纠纷。

可能性成为现实后出现的复杂社会

正如前文所述，每当新技术导入社会之后，总会出现正反两种可能性。著作权问题就是最好的例证，非常耐人寻味。

路透发现了利用电报第一时间获取新闻的可能性，并且将其变为现实。这可以说是实现正面可能性的例子。但对普通民众来说，高额的电报费用则属于反面的现实。为了消除这种反面的现实，简略化的电报和编码应运而生。文字数量减少，费用也会随之降低。这可以说是将反面现实稍微转变为正面现实的一种措施。面向大众的电报编码表成为畅销书，证明确实有许多人存在这种需求。

但简略化和编码表又将新的反面可能性变为现实。比如前面提到的路透社，就因为简略化差点导致错过重大新闻。虽然路透社的编辑最终猜中了电报的意思，但其他人可就没那么幸运了。

美国某羊毛批发商和代理商之间用“BAY”和“BUY”两种编码来进行电报联络。前者的意思是“采购了 50 万磅的羊毛”，后者的意思是“计划采购 50 万磅的羊毛”。有一次，批发商想给代理商发送“BAY”的信息，但西联公司的电报员却错误地输入成了“BUY”。损失惨重的批发商将当时垄断美国电报事业的西联公司告上法庭。但根据电报规约，为了防止出现错误，发信人应该要求电报员重复发送内容。而批发商当时自己疏忽了，所以西联公司不同意批发商提出的赔偿请求，只愿意补偿发送电报的费用 1 美元 15 美分。据说，批发商因此损失了 2 万多美元。

出版编码表的作者和出版社，因为满足了大众的需求而使出版的作品成为畅销书，这可以说是正面的现实。但由于催生出了私自修改编码表的行为，导致了诸多侵犯著作权的问题，所以也将反面的可能性变为了现实。

由此可见，新技术的诞生也会使之前意想不到的许多可能性成为现实。电报的普及影响了文章的书写方式，并催生出许多种类的编码，简略化的电报导致意外的事故，国际机构规定电报的字数，编码表的出版导致著作权问题浮出水面……谁能想到会出现这些问题呢？又有谁能预言到电报的普及会带来标准时间与天气预报呢？这简直就是对黑格尔辩证法中“正、反、合”的完美诠释。

在这些作用的不断重复下，社会变得愈发复杂并且充满矛盾。著名文学家欧内斯特 · 海明威在成为作家之前，曾经是报社的海外通信员。历史学家史蒂夫 · 基恩曾评价海明威简洁的文风是“他在做海外通信员时养成的习惯”。如果真如他所说，那电信这个全新的信息技术还隐藏着培养出世界级文豪的可能性呢。

第三章

通过电缆传递声音

在电话之前出现的传真

在电报迅速普及的过程中，与电报不同的两个信息技术也在持续开发中，一个是电话，另一个就是现在我们都十分熟悉的传真。电话自不必说，但在电报的时代就已经在开发传真技术，或许有人会感到难以置信吧。

事实上，在电话出现之前，就已经有一种叫作“自动电解式记录电报机”（Automatic Electrochemical Recording Telegraph）的装置被发明出来，它可以说是传真机的原型。虽然本章的主题是电话，但在介绍电话之前我想先为大家介绍一下这种比电话更早出现的信息技术。

发明自动电解式记录电报机的人是英国的亚历山大·拜恩，他在 1843 年 11 月 27 日取得了这项发明的专利。莫尔斯的电报机在 1844 年才成功运转，由此可见拜恩取得这项专利的时间有多么早。

这款装置需要用到能够同时移动的金属针和通电后就会变色的纸。首先，通信双方都要准备由电报线连接的金属针，而且要保证双方的金属针能够上下左右同时移动；然后，发送信息的一方将金属制的字母放在木制的模板上，每个金属字母都连着导线；最后，接收信息的一方则将通电后就会变色的具有电解性的纸（类似于感热纸之类的东西）覆盖在连着导线的金属板上，准备工作这样就完成了。

发送信息的一方在放有金属字母的木制模板上移动金属针，当金属针接触到木制模板时没有电流通过，但接触到金属字母时就会有电流通过。而接收信息的一方的金属针会同时移动，当有电流通过时，覆盖在金属板上的纸张就会变色，而没有电流通过时纸张则没有变化。这个过程连续起来，接收信息的一方就能够收到对方发来的信息。

遗憾的是，拜恩发明的这个装置并没有实际投入使用。19 世纪 60 年代，法国出现了同样的装置，并且铺设了专用的“传真线路”，面向普通民众提供服务。这个装置的发明者是意大利人乔凡尼·卡塞利，他将这个设备命名为“Pantelegraph”（传真电报）。法国政府对这款传真机的性能给予了极高的评价，决定在巴黎与里昂之间开通传真线路。1865 年 2 月 16 日，这款传真机发出了第一条信息。

Pantelegraph 发送信息的价格由所使用的纸张长度决定。20 厘米宽、30 厘米长的纸张价格是 6 法郎，其他的还有 60 厘米、90 厘米、120 厘米等几种长度，价格依次增加 6 法郎。当时的 6 法郎大概相当于现在的 380 元人民币。当时，法国用莫尔斯电报发送 20 个单词就需要 2 法郎，所以传真机的价格就显得比较划算。1866 年，Pantelegraph 在巴黎到里昂之间发送了 4860 条信息，据说其中 4853 条都是与股票交易有关的信息。但遗憾的是，Pantelegraph 的传真服务在 1870 年就停止了，似乎是受同年爆发的普法战争影响。

儒勒·凡尔纳生前曾经写过一篇名为《二十世纪的巴黎》的

小说，但没有发表。在他死后的 1991 年，这篇小说的原稿被人偶然发现，重见天日。凡尔纳创作这篇小说的时间是 1863 年，故事的舞台是 100 年后的巴黎。在这部小说中就提到了卡塞利发明的传真机。

凡尔纳在描写 20 世纪 60 年代的银行设备时提到，“未来”的银行都拥有专用的电报线路，不管客户在哪里都能够直接进行交流（这在 19 世纪 60 年代确实具有划时代的意义）。不仅如此，通过卡塞利在 19 世纪发明的传真机，“可以发送资料和签名的复印件，即便身在几千千米之外也一样能够在汇票和合同上签名”。

由此可见，凡尔纳准确地预见到了传真在未来的普及。事实上，凡尔纳十分了解当时最先进的科学技术，并且将这些知识充分融入小说的创作之中。值得注意的是，他创作《二十世纪的巴黎》的同年，法国政府也决定将卡塞利发明的传真机实际应用在巴黎与里昂之间的通信上。由此可见，将传真机写进小说中的凡尔纳，和法国政府一样，都对这款新装置十分关注。

电话的诞生

即便是对科学十分了解的凡尔纳，似乎也没想到电话会在 100 年后的世界普及。在《二十世纪的巴黎》之中，只字未提有关电话的技术。这是情有可原的，因为亚历山大 · 格拉汉姆 · 贝尔和伊莱沙 · 格雷分别申请电话专利的时间是在 1876 年 2 月 14 日。贝尔只因为不到 3 个小时的时间差在与格雷的专利竞争中获胜的故事，现在可以说是家喻户晓了。

不过，早在1860年，意大利的发明家安东尼奥·梅乌奇就已经发明了与贝尔和格雷原理相同的“电话”。但由于资金方面出现了问题，梅乌奇没能将专利维持下去，所以在贝尔和格雷申请专利时，梅乌奇的电话专利已经失效了。如果1860年梅乌奇申请了电话专利，凡尔纳倒是有可能听说电话这项发明。但他就算听说过，电话在当时也实在是过于虚幻，甚至连科幻小说作家都不敢写进小说里。

综上所述，要说起电话，就必须从亚历山大·格拉汉姆·贝尔的专利说起。贝尔于1847年出生在苏格兰的爱丁堡。他的祖父是一家发声教育学校的经营者，父亲则是爱丁堡大学的声音语言学家。自幼就在语言学的环境中耳濡目染，贝尔走上和祖父、父亲同样的道路可以说是自然而然的。后来，贝尔一家移居加拿大，贝尔自己则前往美国马萨诸塞州诺坦普顿的克拉克听障学校担任教师。这所学校直到现在仍然是美国首屈一指的听障学校。1873年，贝尔成为波士顿大学发声生理学的教授。

对声音学有着浓厚兴趣的贝尔，开始思考是否能够通过电力传递声音。1875年，贝尔得到了克拉克听障学校创始人之一加德纳·哈伯德以及波士顿大富翁托马斯·桑德斯的资金援助，他还雇用了当时在波士顿电子工厂工作的托马斯·沃森作为自己的助手，正式开始电话的研发工作。

1876年2月，贝尔就申请了电话的专利，但实际上在申请专利之后，贝尔还在继续开发电话。

沃森先生，请来一下，我需要你。

（Mr. Watson, come here, I want you.）

1876 年 3 月 10 日，贝尔的助手托马斯·沃森通过电话听到了这句著名的话。但根据贝尔本人的记录，他说的是“沃森先生，请来一下，我想见你”（Mr. Watson, come here, I want to see you）。可能是因为当时电话的性能有限，导致沃森没有听清贝尔的话吧。不过，现在人们都将第一句当成是人类通过电话发出的第一条信息。

对于贝尔来说，在此时取得实验的成功是非常幸运的，因为 1876 年 5 月 10 日就要在费城举办庆祝美国独立 100 周年的世界博览会，这是一个将电话展现在世人面前的绝佳机会。

贝尔将电话带到博览会上展出，他在传声器一侧向待在听筒一侧的众多参观者朗诵了哈姆雷特的独白以及新闻报道的概要。据说，当巴西国王佩德罗二世在听到电话里传来“生存还是毁灭，这是个问题”的时候，一下从椅子上跳了起来，叫道：“听到了，听到了！”整个会场都因此而沸腾了起来。

英国著名物理学家、被授予“开尔文勋爵”称号的威廉·汤姆森，也在会场听到了哈姆雷特的这句名言，他盛赞道：“对于如此伟大的发明，我们只能在心底发出赞叹。”贝尔由于电话这项发明得到了伟大的物理学家的肯定。

电话服务迅速开展

在世界博览会上的这次展出，极大地提升了电话的知名度。

为了进一步提高电话的知名度，贝尔与沃森又四处进行了大量的演讲和展示，不过他们的展示活动非常独特。

贝尔和沃森兵分两路。贝尔在展示会场准备 3 ～ 4 台信息接收机，而沃森则在远离会场的地方准备信息发送机以及铜管乐队，两地的电话设备由租来的电报线路连接。

看到这样的配置，想必读者朋友们大概能够猜到他们将如何进行展示了吧。首先，由贝尔对电话进行说明。然后，由等待在另一个会场的铜管乐队开始演奏，而观众们则能够在展示会场通过接收机欣赏音乐。除了铜管乐队的音乐表演之外，有时候还有乐器独奏表演以及沃森的即兴演讲和唱歌。

在电话的事业化发展前景尚不明朗的情况下，贝尔于 1877 年成立了贝尔电话公司，这家公司就是现在美国最大的通信企业——美国电话电报公司（AT&T）的前身。哈伯德担任总裁，贝尔担任电力技师，沃森担任生产部门负责人。但他们似乎也不知道电话事业将来是否能够取得成功。1876 年，哈伯德打算将电话专利以 10 万美元的价格卖给西联公司。

西联电报公司于 1851 年在纽约成立，1856 年更名为西联公司（WU）。最初，西联公司只是美国众多电报公司中的一家，但后来，它接连收购了其他电报公司，旗下拥有 4000 多家电报局，几乎垄断了美国的电报事业。

西联公司的总裁威廉 · 奥顿断然拒绝了哈伯德的专利转让。但讽刺的是，后来在电话事业上大获成功的 AT&T 获得了西联公司的经营权。因此，奥顿的决策也被称为“世纪大误判”。

贝尔电话公司的第一单生意是在 1877 年 4 月 4 日，一家电器店的老板在店铺和自己家之间开通了电话线路，距离大约为 4.6 千米。同年 5 月，波士顿的一个银行家也在事务所和自己家之间开通了电话线路。由此可见，电话最初开通的线路都是在经营者自己家和公司之间或者企业的事务所之间。当然，在这个时期还没有电话交换机，所以电话只能在两点之间的专用线路上使用。

贝尔电话公司提供的并不是买断制服务，而是向各地区的事业合作伙伴提供电话服务的授权，然后将电话设备租赁给他们。获得授权的合作者需要自掏腰包租赁电话设备并且铺设电话线路，贝尔电话公司则在提供技术指导的同时收取授权费和租赁费。

据说这种商业模式是哈伯德提出的，因为他曾经在自动擦鞋机的租赁业务上取得过成功。电话的使用费（包括电话设备和线路）为公共用户每年 20 美元，私人用户每年 40 美元，折合成现在的价格大约是 3.8 万元人民币和 7.6 万元人民币。虽然价格并不便宜，但到 1877 年秋，贝尔电话公司已经拥有了 600 多个客户。

不过，当时电话的通话质量确实令人不敢恭维。通话时，必须大声地说话才能让对方听见。而且，因为话筒和听筒是同一个设备，所以使用时要先把设备放在嘴边大声说话，然后再把这个设备放在耳朵上仔细听，整个通话过程中要不断地重复这一步骤。如果两边一起说话，就更听不清楚了。虽然电话的通话质量差、价格高，但贝尔电话公司却在短时间内就获得了 600 多个客户，可见人们确实存在对即时通话的需求。

但也有人对电话的实际效果持怀疑的态度。因为与电报相比，电报能够留下记录，而电话则没有任何记录。就连与贝尔在同一天申请电话专利的伊莱沙·格雷都认为，因为有更为优秀的电报存在，电话很难在商业上取得成功。但后来的事实证明，格雷的判断是完全错误的。

不断革新的电话使用机制

电话的便利性与使用者的数量息息相关。使用电话的人越多，能够用电话联络到的人越多，电话就越便利。而电话的便利性增加又会吸引更多的使用者。像这样，某种产品或服务随着使用者数量的增加，便利性也随之增加的状况，被称为网络外部性或网络效应。

但要想电话提高网络外部性，某个网络参与者与其他参与者之间必须连接 1 对 n 的专用线路，这就显得非常没有效率。为了解决这一问题，就必须用到电话交换机。接线员可以根据使用者的要求，通过电话交换机将线路连接到对方的电话上。在纽黑文开展电报事业的乔治·科伊于 1878 年发明了第一台电话交换机，因此科伊也成为世界上第一个电话接线员。

电话交换机的诞生使电话的使用者只要接通与电话局的线路，就可以与所有的使用者进行通话；而电话公司则可以用最少的线路提高网络外部性。可以说，电话交换机是具有极大划时代意义的发明。就这样，电话逐渐推广到医院、药房、律师事务所、酒吧、印刷厂等场所。

随着加入电话网络的人越来越多，自己不认识的人和店铺也越来越多，如果能够有一本书将所有的电话使用者都记录在上面就方便得多了。科伊在发明电话交换机的那一年，制作了一份只有一页的使用者名单，这就是全世界第一本电话簿。

当时的电话没有电话号码，因此在科伊的电话簿上也没有电话号码。使用者只需要打给接线员，告诉要联系的人的姓名，接线员就会将线路转接过去。在网络范围较小，接线员能够掌握所有使用者的情况下，这种方法是可行的；但如果换成对使用者不太熟悉的接线员就不行了。于是在 1879 年秋季，马萨诸塞州洛厄尔的医生摩西 · 格里利提出用号码来识别电话的方法，他提出的这一方法立刻被电话局采用。

最初，每台交换机都要配备一名接线员，担任接线员的几乎都是十几岁的青年男性，但他们对无聊的接线工作感到非常厌烦，经常与使用者发生争执。于是到了 19 世纪 80 年代初，接线员几乎都被换成了性格更加温和的年轻女性。

电话交换机、电话簿、电话号码以及女性接线员，这些都是在电话这一最新科技被导入社会时完全没有考虑过的状况，属于为了提高电话的效果和便利性而追加的技术和制度。这可以认为是电话这一最新的信息技术对人类产生作用，人类为了使其更便于使用而又对其产生了反作用的结果。正是在这种相互的作用之下，电话服务逐渐发展成更加便利的现代电话。

电话服务的垄断趋势

在刚开始提供电话服务的时候，贝尔电话公司的发展前景可以说并不乐观。因为在 1877 年 12 月，当时电报行业的巨头西联公司成立了美国通话电话公司，正式进军电话服务市场。虽然西联公司的总裁奥顿拒绝了哈伯德转让电话专利的请求，但并不意味着他否定了电话的未来发展。西联公司在托马斯·爱迪生、伊莱沙·格雷等发明家的帮助下，与贝尔电话公司展开了正面的对抗。

西联公司的武器是爱迪生发明的电话——比贝尔发明的品质更好。此外，西联公司在美国全境拥有电报网络和电报局，将电报的技术应用在电话上比较容易，而且设备也可以沿用。对于必须从零开始建设通信基础设施的贝尔电话公司来说，西联公司绝对是一个非常强劲的对手。贝尔电话公司所能采取的对策，只有起诉西联公司侵权以及提高自身的技术实力。当时，带领贝尔电话公司与西联公司展开对抗的是西奥多·维尔。

西奥多·维尔与帮助塞缪尔·莫尔斯实现电报实用化的阿尔弗莱德·维尔有亲缘关系。他原本是西联公司的电报技师，凭借在联合太平洋铁路公司的铁路邮局推行业务改革时的优异表现而崭露头角。哈伯德慧眼识英才，在 1878 年 7 月将维尔招募到贝尔电话公司。

维尔起诉西联公司侵犯贝尔电话公司拥有的专利，同时通过获取更多的专利来提高自身的技术实力。当时，西联公司与贝尔电话公司在企业规模上的差距就好像是巨人和婴儿，但西联公司内部纠纷不断，外部还要面对竞争对手的收购攻势，所以也是自顾不暇，再加上贝尔电话公司拥有的专利具有压倒性优势，就连西联公司自己的律师都认为没什么胜算。

结果在 1879 年 11 月，国家贝尔电话公司（同年由贝尔电话公司更名）与西联公司之间达成和解。西联公司放弃所有与电话业务相关的专利，将覆盖美国 55 个城市的电话网络转让给国家贝尔电话公司。国家贝尔电话公司则需要将电话租赁业务收入的 20% 支付给西联公司，直到专利到期为止。这一结果显然对国家贝尔电话公司有利。随后，国家贝尔电话公司在 10 年间起诉了 600 多个侵权案件，全部胜诉。由此可见，贝尔取得的专利有多么强大。

帮助贝尔电话公司渡过危机之后，维尔又凭借专利的优势使贝尔电话公司垄断了美国的电话市场。在维尔入职之前的 1878 年 6 月，贝尔电话公司的用户只有 1 万多人；而到了 1881 年初，这个数字就变成了 13.2692 万。贝尔电话公司 1881 年度的收入超过 50 万美元，1883 年的收入为 150 万美元，到了 19 世纪 80 年代末更是达到了 250 万美元。

电话的大众化

维尔制定了一个让美国贝尔电话公司（1880 年由国家贝尔电话公司更名）即便在电话的专利到期之后，仍然能够垄断市场的战略。他的撒手锏就是市外长途通话服务。1885 年，美国贝尔电话公司成立了以铺设市外长途通话线路为主业务的子公司 AT&T，维尔担任新公司的总裁。

虽然当时电话服务在美国主要的城市间得到了普及，但电话服务却基本都被封闭在市区内。如果想与其他城市取得联系，还是需要依赖电报。如果能够将市外的长途线路与一直以来独立的电话线路连接起来，就可以进一步提高电话的网络外部性。只要在电话的专利到期之前——换句话说就是在更多的竞争对手加入进来之前构筑起这样的电话网络，就可以使美国贝尔电话公司的垄断地位变得牢不可破。

维尔还打算将事业扩展到电话服务尚未覆盖的乡村地区。趁还没有竞争对手的时候尽可能地将空白地区填补上，这样就可以在专利到期之后对竞争对手起到强大的限制作用。而且，用长距离电话线路将乡村地区连接到一起，也有助于进一步巩固美国贝尔电话公司的优势地位。

但维尔的乡村连接战略并没有得到美国贝尔电话公司内部的认可。美国贝尔电话公司的收益逐年递增，董事会认为，与其将收益投入到市外长途电话线路的建设上，不如拿去给股东分红；而且，乡村地区的人口比城市少得多，公司不应该在这种不划算的地区进行投资，应该将资源集中在城市地区，设定更高的费用以获取更高的收益。因此，追求短期利益的董事会与考虑长期利益的维尔之间就出现了对立。最终，维尔在 1887 年离开了美国贝尔电话公司。

当美国贝尔电话公司拥有的专利到期之后，电话市场中立刻出现了许多竞争对手。除了在城市地区与贝尔公司进行竞争的企业外，乡村地区因为等不及电话公司提供电话服务，于是开始自己成立合作组织构筑电话网络。

这个被称为“农民线路”的电话服务由当地的医生和商人们发起，为所有的出资者提供电话服务。其中，甚至出现了利用围绕牧场的铁丝网作为电线的铁丝线路电话。这个铁丝线路电话使用绝缘物质代替金属钉防止电力泄露，让人不得不感叹人民的智慧是无穷的。

新电话公司的出现对消费者来说是件大好事，因为贝尔电话公司的收费特别高。19 世纪 90 年代，事务所用的电话费用为每年 125 ～ 150 美元，家庭用的电话费用为每年 100 美元，折算成现在的价格分别约为 18.7 万元人民币和 12.5 万元人民币。而农民线路的加入费仅为 25 美元，每年的服务费只要 7 美元。

独立电话公司的出现对贝尔电话公司的垄断地位造成了巨大的冲击。1893 年，贝尔电话公司拥有 26.6 万个用户。但 1897 年独立电话公司的数量就已经超过 5000 家。1907 年，贝尔电话公司的用户超过 313 万，独立电话公司的用户则接近 299 万，几乎与贝尔电话公司平分秋色。电话服务以迅雷不及掩耳之势在普通民众中普及。

电话与电报不同，电话在进行交流时不需要专业的知识和技术。只要拿起话筒，任何人都可以进行通话。而且，使用电话可以直接将信息传达给对方，不必通过电报员，这样在传达需要保密的信息时也没有什么顾虑。于是，电话迅速得到了大众的认可。对于一般人来说，即便通话质量差一些也无所谓，只要能够以低廉的价格进行通话就可以了。电话就这样成了每个家庭都梦寐以求的东西。电报的诞生推动通信向大众化迈出了一大步，而电话的诞生则可以说是极大地加快了通信大众化的脚步。

缺乏互换性的电话系统

电话的普及也带来了意料之外的问题，首先是环境问题。在电话线路集中的城市地区，电线杆密密麻麻如同森林一般。每根电线杆的高度接近 27 米，上面有 30 根支柱，每根支柱上又连着 10 根电线，合计 300 根电线。从当时的照片上可以看到，城市地区的街道上几乎完全被电话线覆盖。虽然有人提出将电话线埋入地底，但因为这样做需要花费大量的成本，所以迟迟没有公司愿意采取行动。

此外，美国贝尔电话公司与独立电话公司之间不能相互连接也是个巨大的问题。对于美国贝尔电话公司来说，采取这种措施或许是理所当然的，但对使用者来说就非常麻烦了。为了能够与所有的电话用户进行通话，使用者必须准备两部电话，一部是贝尔电话公司的，另一部是独立电话公司的。此外，在打电话之前也要先搞清楚对方使用的是哪一家电话公司的服务。

坚决不和独立电话公司相互连接的美国贝尔电话公司，虽然在竞争对手的攻势下承受着巨大的财务压力，但仍然在市场上拥有着强大的影响力，这都得益于拥有先见之明的维尔成立的美国电话电报公司所铺设的市外长途电话线路。

于是，独立电话公司在 1897 年成立了全美独立电话事业联合会，准备自己铺设市外长途电话线路。就这样，美国的电话服务彻底走上了分歧的道路，互换性的问题也越发严重。

总部位于波士顿的美国贝尔电话公司，因为资本金超过了当地法律规定的上限 1000 万美元，在 1899 年 12 月将事业与资产都转移到位于纽约的美国电话电报公司。于是，资本金高达 7000 万美元的全新的美国电话电报公司诞生了。从此以后，也不再使用“贝尔”作为公司的名字。

1910 年，美国电话电报公司获得了西联公司的经营权，成为取代西联公司垄断美国通信行业的企业。但美国电话电报公司对市场的长期垄断引发了美国国民和政治家的不满，在 1913 年 12 月，美国电话电报公司终于同意与独立电话公司之间相互连接。除此之外，美国电话电报公司还宣布放弃西联公司的经营权，以及不在未得到许可的情况下收购独立电话公司的决定。就此，美国的电话事业终于实现了不管在任何地方都能公平使用的“普遍服务”。

1914 年，美国电话电报公司在纽约到旧金山之间横跨美国大陆的电话线路宣告竣工。这对“普遍服务”来说具有非常重要的意义。1915 年 1 月，横跨美国大陆的电话线路正式开通，美国电话电报公司在位于纽约的总部与旧金山的世界博览会现场同时举行了开通典礼。贝尔在公司总部通过电话对博览会现场的沃森又说出了那句名言：

> 沃森先生，请来一下，我需要你。

而沃森则回答道：

> 我这就过去，大约需要一周吧。

当时，美国的电话用户接近 1000 万人。贝尔电话公司与独立电话公司之间的竞争虽然产生了互换性的问题，但毫无疑问也极大地促进了电话在全美的普及。

私营电话服务与国营电话服务

虽然电话在美国国内迅速得到了普及，但在其他国家的发展却十分缓慢。根据约翰·布鲁克斯在《电话》中的记载，20世纪初，美国的电话普及率为每60人一部，瑞典是每115人一部，瑞士是每129人一部，德国是每397人一部，法国是每1216人一部，意大利是每2629人一部，俄国是每6988人一部。就连老牌的资本主义国家英国，在1912年的时候全国也只有60万部电话。

日本的电话服务于1890年在东京和横滨开始。最初，东京有155个用户，横滨有42个用户。1901年，东京的用户超过1万个；1907年，日本全国的用户达到4.3266万个。但直到1960年，电话在日本全国的普及率也仅为3.9%，由此可见电话在日本的普及非常缓慢。

美国的电话事业不仅在普及度上遥遥领先，电话制度也和其他国家存在着巨大的区别。美国的电话服务是由私人企业提供的，而除了英国和加拿大之外的其他国家最初都是由国家主导提供电话服务。英国虽然一开始是由私营企业提供电话服务，但在1912年电话事业被收归国有。这和当初英国将电报事业国有化的情况如出一辙。

不仅在通信行业，可以说美国对任何行业都非常鼓励自由竞争，但这并不意味着美国政府不会进行任何干涉。以通信行业为例，比较常见的模式是“自由竞争愈演愈烈→政府进行管制→放松管制”。美国电话电报公司即便在放弃西联公司之后仍然在通信行业中处于垄断地位，因此在 1984 年因为违反了反垄断法而不得不拆分为长途电话公司和 7 家地方性的电话公司。不过，美国电话电报公司顽强地坚持了下来，后来在政府放松对其管制之后，又将拆分的地方性电话公司重新吸收回来。2016 年，美国电话电报公司收购了时代华纳，成为一家同时拥有强大的通信网络和丰富的电影、电视内容的大型企业。这也可以说是通过放松管制促进自由竞争的结果。

政府对通信市场的干涉，可以说是人类对科技做出的反应。正如前文所述，因为美国的电话事业由私营企业主导，所以，当美国贝尔电话公司的专利在 1894 年到期之后，许多企业都参与到电话事业的竞争中来，这也间接地促使电话的使用者数量激增。

与之相比，以国营为主导的电话事业因为难以发挥竞争机制，所以即便市场存在极高的需求，国营企业也无法及时地做出应对，这会导致市场发展缓慢。除了美国之外的其他国家基本都属于这种情况。结果，到了 19 世纪末，美国拥有的电话机数量占全世界总量的 75%。

不过，美国的这种运营模式也并非十全十美。过度自由竞争的结果，就是导致美国出现了两种不具备互换性的电话系统，给使用者造成了极大的不便。从国家的层面上来看，虽然鼓励竞争很重要，但修建两套重复的基础设施却会造成巨大的浪费。

而且，像电话这种在全国范围内提供服务的事业，如果完全交给私营企业去做，出现垄断的可能性极高。事实上，在美国不管电报还是电话，都是由庞大的私营企业垄断市场。如果由国营企业主导的话，就不会出现这样的问题了。

是应该由国家主导强化管制，还是应该鼓励民间的自由竞争？关于这个问题至今还没有答案。不过，如果想要促进技术领域更多可能性的展现，鼓励自由竞争显然是最好的做法。现在美国在信息技术领域之所以遥遥领先，正是其鼓励自由竞争的结果。

不过，自由竞争也会引发新的问题。因为缺乏有效的管制，互联网技术被恐怖分子利用，对世界的和平产生威胁也是不争的事实。应该选择强化管制还是选择自由竞争，这是一个从电话时代一直延续到现在的问题。

电话服务的另一段历史

根据我们现在的常识，电话是用于进行一对一交流的信息技术。而且，从前文中介绍的电话的历史来看，电话也是以一对一交流为前提的。但实际上，电话还存在着与之完全不同的另一段历史，也可以说是对技术可能性展现的完美诠释。

在电话诞生之初，贝尔和沃森为了推广电话，采用了举办展示会，然后利用电话实况转播演讲和音乐等内容的方法，不过这种做法在法国却发展成了一种事业。1881 年，在巴黎举办的国际电气博览会上，展出了一种名为剧场电话（Théâtrophone）的装置。当时在博览会场的两个房间里各准备了 10 组耳机，参观者可以通过耳机实时地欣赏到歌剧院的演奏和音乐厅的演出。据说，当时的参观者为了能够亲身感受这一最新的技术而在展示厅外排起了长队。

那场电气博览会之后，这一技术成为特权阶级的私人娱乐项目，后来又逐渐流传到少数的富裕阶层。1890 年初，巴黎的剧场电话公司为电话用户提供 5 个剧场的实况转播服务。一年的使用费是 180 法郎，而每次欣赏实况转播还要支付 15 法郎。换算成现在的价格相当于每年使用费约 6.2 万元人民币，每次使用费约 5300 元人民币，这确实是只有富裕阶层才能消费得起的。

剧场电话公司还在一流酒店的大堂里设置了投币式的剧场电话装置，1 法郎可以享受 10 分钟（也有说是 5 分钟）的实况转播服务。酒店大堂里配有显示板，提供现在正在上演的节目信息。上述操作都由剧场电话公司的电话交换局进行。该公司还进军英国市场，在伦敦的萨伏依酒店设置了同样的装置。

1894 年，伦敦出现了一家名为电力电话的公司，提供和剧场电话公司同样的服务。公司成立之初是一家私营企业，但后来与英国邮政局展开了合作。除了戏剧和音乐的实况转播之外，还在星期日转播教会的弥撒。此外，还通过海底电缆提供剧场电话公司的节目。1896 年，电力电话公司的用户只有 50 个，到了 1923 年这个数字就增长到了 2000 个。但受广播出现的影响，电话实况转播的用户数量骤减，最终在 1925 年停止服务。

由此可见，电话在诞生之初曾经被作为剧场节目的转播系统使用，相当于一对多的广播系统。如果这种可能性得到更进一步展现的话，那么很有可能会诞生出与现代的广播系统十分相似的电话机制。在说起电话服务的历史时，经常被提起的电话先驱（Telephone Herald）就是其中的代表。

使用电话线路的广播系统

电话先驱是匈牙利的工程师蒂瓦达·普斯卡斯在布达佩斯成立的一家公司，提供利用电话系统发送广播节目的服务。从 1893 年开始大约持续运营了 25 年。

电话先驱播放的节目内容在 1896 年左右基本固定。每天的广播时间为上午 9 点半到晚上 10 点半，内容包括列车的发车信息、股票信息、议会信息、天气预报、剧场与音乐会的节目等，除了没有搞笑和综艺节目之外，和现在的广播节目基本没有太大的区别。

这项服务主要面向政府高官等精英阶层，还覆盖了医院、酒店、咖啡馆等公共设施。1896 年的时候，用户大约有 6000 人。不过，在英国的电力电话公司销声匿迹的 1925 年，电话先驱也被并入了匈牙利广播电台。

电话先驱甚至还影响到了美国。新泽西电话先驱在 1911 年获得了电话先驱的授权，开始提供广播节目。每天的广播从上午 8 点开始，节目内容包括新闻、天气预报、股票信息、音乐、儿童故事、歌舞表演、音乐会、戏剧等。

从当时留下的照片来看，听众们都戴着耳机欣赏节目。照片中有许多人都戴着耳机，可以判断出只要有一台设备加入服务，就能够使许多人同时收听节目。这项服务在美国大受欢迎，收获了许多用户。但新泽西电话先驱公司因为没有充足的资本来维持运营，只能在 1912 年停止了服务。

话说回来，在我老家日本滋贺县大津市南部的偏僻地区，曾经有一个叫作上田上的地方。如今虽然这个地名已经不再使用了，但这里确实是曾经在《日本书纪》中出现过的古老土地。这个地方在我上中学时的 1977 年，还存在着有线电话广播服务。这项服务是当地的协同组合所运营的电话和广播二合一的服务。每天早、中、晚 3 次，按时广播 5 ～ 10 分钟与当地密切相关的新闻和节气等信息。在进行广播的时候，电话是打不通的。这项服务和美国乡村地区的农民线路十分相似。因为协同组合是与电电公社（现在的 NTT）相独立的组织，所以我家里当时用到了电电公社和有线广播两部老式电话。

美国的农民线路是由等不及电话公司提供服务的当地有志之士自发搭建的。日本的有线广播电话也一样，身处偏远地区的人们迟迟等不到电电公社的电话服务，于是农业协同组合和渔业协同组合以及当地的有志之士自己想办法提供电话服务。这项服务在 1945 年初期开始导入，到 1966 年在全国已经拥有了 300 万用户。而电电公社的电话在 1959 年的用户总数才超过 300 万（日本全国普及率 3.4%），可见有线广播电话的普及速度之快。

社会学家吉见俊哉在其著作《“声”的资本主义》中这样写道：“有线广播电话都是以乡村为单位的系统，如果这些网络能够连接到一起的话，或许会从根本上改变我国由国家主导的电话制度。”顺带一提，虽然电话先驱早已经消失在历史的长河之中，但现在日本的某些地区仍然残留着有线广播电话的服务。

“意料之外的成功”

和电报一样，电话也使意料之外的可能性变成了现实。

随着网络外部性的不断提升，电话也变得越来越便利，使用者可以随时随地找到目标对象进行交流。那么，电话事业最大的卖点是什么呢？是可以直接交流商业上的问题吗？当然这也是卖点之一。但对电话公司的收益贡献最大的，却是通话时间较长的“聊天”。这是完全出乎电话事业者意料的情况。

电话公司有一个先入为主的观念，那就是电话应该被用于商业上的交流，比如下订单或者委托服务等。因此，用电话聊天在电话公司看来是错误的用法，他们甚至对用户长时间用电话闲聊的行为感到厌恶。但因为电话是按通话时间收费的，所以长时间的闲聊反而会增加电话公司的收入。这对电话公司来说，完全是“意料之外的成功”。不过，最初电话公司的经营者们似乎并没有意识到这一点。

“意料之外的成功”是管理大师彼得·德鲁克提出的概念。德鲁克认为，要想实现革新，就必须关注意料之外的成功；但有趣的是，人类往往只认为一切都按计划顺利进行才算成功。关于这一点，德鲁克讲了这样一个故事：

1950 年的时候，纽约最大的百货商店梅西百货的董事长找到德鲁克，说最近家电商品的销售额超过了服装商品，让他感到非常困扰。德鲁克问：“这种情况对你们有什么损失吗？”对方回答说，本来百货商店销售额的 70% 都应该是服装商品，但现在家电商品的销售额高达 60%，所以他们只能想办法控制家电的销量，使其回到正常的水平。

实际上梅西百货是取得了意料之外的成功。但梅西百货的经营者们却坚信一直以来的情况才是正确的。如果他们要接受这个意料之外的成功，就必须放弃之前坚持的信念。但放弃信念并不容易做到，所以后来梅西百货的营业额持续低迷了很长一段时间。

当时的电话公司也面临着和梅西百货同样的情况。电话应该被用于订货和委托等商业活动——这种信念使电话公司无法接受“聊天使收入增加”这个意料之外的成功。请想象一下，如果贝尔坚持电话就应该被用来实况转播音乐会，那么贝尔电话公司的历史恐怕也要被彻底改写了吧。但幸运的是，电话公司及时意识到“聊天”才是电话公司最大的收益来源。于是，电话公司接受了这个意料之外的成功，使自身的收益得到了极大的提升。

上述事例也给我们带来了非常重要的启示，那就是不能拘泥于“这项技术就应该这样使用”的框架。技术应该如何使用，应该由市场决定。作为技术的提供者，必须仔细倾听市场的声音。因为技术和人类是互相影响的，所以即便技术的实际应用方法和预期不同，有时候也不得不接受。

正所谓历史在不断地重复，在互联网的发展史上也出现了同样的情况。互联网上的社交网络服务，就和用电话进行聊天差不多。虽然现在认为“互联网应该用于学术”的人并不多了，但看到人们利用互联网只是发表一些没什么意义的言论，肯定还是会有人感到不愉快。然而现实的情况就是，绝大多数使用互联网的人发表的都是在他人看来毫无意义的内容。互联网服务供应商则通过为用户提供了一个“能够聊天的平台”而大获成功。从这个角度来说，历史确实是在重演。

想要避免技术的使用用途受到限制，关键就在于将技术的可能性都列举出来。托马斯·爱迪生发明留声机时就列举了许多种可能性，可供我们参考：

①作为速记的代替手段

②让盲人也能阅读书本

③语言学习机

④播放音乐

⑤记录家人的回忆和遗言

⑥玩具

⑦报时

⑧保存语言

⑨重复播放老师授课的内容

⑩电话录音

现在看到上述内容不由得让人惊叹，就连爱迪生都无法准确把握留声机的用途。虽然他提到了播放音乐这个可能性，但这个可能性只排在第四位。或许爱迪生也知道，技术的实际用途是由人类之间的相互作用决定的，所以他才设想了 10 种可能性。

个人信息与公共信息

让我们再来思考一下“用电话聊天”和“用电话广播”。前者因为基本是一对一进行的，所以可以说是极其私人的活动；而后者因为面向不特定的大众，所以应该说是公共的活动。

电话不管是作为支持个人活动的信息技术，还是作为支持公共活动的信息技术，都有发展和利用的可能性。但社会最终还是会选择电话作为支持个人活动的信息技术，而没有将其作为支持公共活动的信息技术。

我认为这种选择具有非常重要的意义。为了明确这一点，我们需要用到信息技术的象限图来进行思考，见下图。在这个象限图中，纵轴“信息技术的类型”包括“有线”和“无线”，横轴“交流方式”包括“个人活动”和“公共活动”。

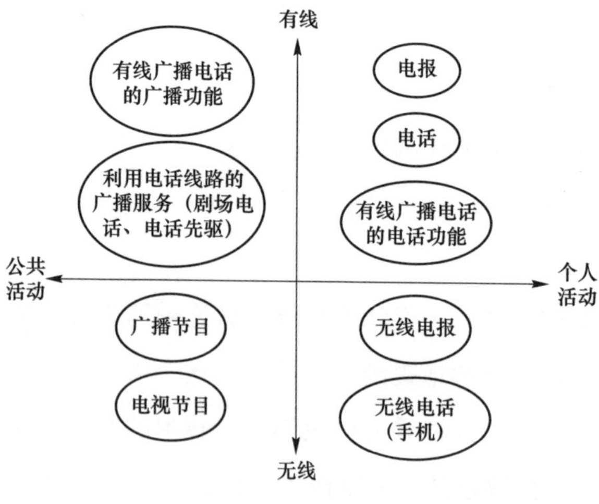

信息技术象限图

在这个象限图中，处于同一象限的信息技术相互之间是竞争关系，比如“有线 × 个人活动”中的电报和电话。如果两者之间没有某种差异的话，其中一种很有可能会消失。与电话进行竞争的电报虽然具有记录性这一差异化要素，但也因为其作用越来越小，最终电报成为几乎没有人使用的信息技术。

此外，即便处于不同的象限之中，拥有同样交流方式（用途）的信息技术也存在竞争关系，比如矩阵中的“有线 × 个人活动”和“无线 × 个人活动”、“有线 × 公共活动”和“无线 × 公共活动”都存在竞争关系。在这种情况下，特定的信息技术要想存续下去，就必须拥有差异化的要素。在智能手机普及的现在，有线电话与无线电话相比就处于非常不利的地位。

另一个比较值得关注的是“有线 × 公共活动”。利用电话线路提供广播服务是在电话发明初期就被人们发现的可能性（贝尔的展示会），而且也确实诞生了剧场电话和电话先驱等服务，但电话最终还是走上了支持“个人活动”的信息技术（“有线 × 个人活动”）的道路。与“公共活动”（“有线 × 公共活动”）分道扬镳的电话在个人化的道路上越走越远。电话最初普及的时候，一般都放在玄关附近的专用柜子上便于全家人使用，但后来电话却进入了客厅。随着子母机的出现，电话又走进了卧室。等到手机登场之后，电话就进入了人手一台的时代。现在电话个人化的程度已经发展到就连小学生都拥有自己的智能手机了。

然而，被电话抛弃的“公共活动”却并没有被社会抛弃。剧场电话、电话先驱以及新泽西电话先驱，都得到了市场的支持。换句话说，早在 19 世纪 80 年代，社会就对利用通信网络向不特定的人群发送信息的服务存在需求。为了满足这种需求，当时的人们选择了电话这个最新的信息技术。但遗憾的是，这项技术与需求之间并不能完美地结合到一起。然而，这种需求并没有消失，而且还一直延续至今。由此可见，满足这种需求可以说是“历史的必然”。这也就意味着必将在某个时间点，从“技术的积累”之中根据“选择的决策”诞生出全新的信息技术，进而来满足这种需求。

在这样的背景下诞生的信息技术就是广播。正如前文所述，英国的剧场电话就是因为广播的诞生而在 1925 年停止服务的，电话先驱也被匈牙利广播电台合并。在信息技术的象限图中，位于“有线 × 公共活动”的利用电话线路提供广播服务和“无线 × 公共活动”的广播服务之间存在竞争关系，而结果是以电话线路提供广播服务的失败而告终。

在第四章中，我就将介绍广播服务以及电视服务的相关内容。但按照顺序，我要先为大家介绍作为广播与电视基础的信息技术，也就是无线通信技术。

第四章

通过电波传递声音

马可尼与无线电报技术的发展

1895 年秋，在意大利博洛尼亚的一个小镇上，21 岁的伽利尔摩 · 马可尼正在他的房间里忙碌着，这个原本用来养蚕的房间变成了马可尼的无线电实验室。马可尼在发报机的电键上快速地按了 3 下，伴随着他的动作，发报机闪出一串火花。

在距离实验室 2.4 千米外的一个小山丘上，竖立着一个由铁皮制成的天线。只要这个天线接收到无线电波的信号，与之连接的电铃就会发出声响。而等候在旁的农夫则根据马可尼的指示，听到声响就鸣枪回应。

在发报机连续 3 次闪出一串火花之后，山丘那边立刻传来了枪声。马可尼将身体探出窗户向山丘望去，脸上充满了喜悦之情。

很遗憾，我们无法得知这一天的准确日期。但就是在这一天，取得全世界第一个无线电报专利的马可尼，成功地将信息通过无线电波传送到了 2.4 千米外的地方。可以说，这一天就是无线通信实用化的起点。

伽利尔摩 · 马可尼于 1874 年出生在意大利的博洛尼亚，自幼就对物理学感兴趣，他在 1894 年的夏天通过杂志上的文章了解到海因里希 · 赫兹关于电磁波的实验。于是，他想到把这种方法应用到通信上的可能性。

电磁波是在电场与磁场的相互作用下，产生出的能够在真空或物质中传播的电磁场。根据震动频率的不同，电磁波可分为X射线、可见光、无线电波等。1864年，英国人詹姆斯·克拉克·麦克斯韦在论文《电磁场的动力学理论》中第一次从理论的角度预言了电磁波的存在。但麦克斯韦只是提出了电磁波的理论，并没有进行验证。直到1888年，德国物理学家海因里希·赫兹成功证明了电磁波的存在。马可尼在杂志上读到的那篇文章，就是他的老师奥古斯托·里纪为了纪念在1894年1月英年早逝的赫兹而写的论文。

马可尼在里纪的指导下，成功地在室内实现了无线电波的传送。后来，他逐渐延长传送距离，从100米到400米一直到2.4千米都取得了成功。马可尼向意大利政府推销他的无线电技术，但没能得到政府的重视。马可尼的母亲有个亲戚在爱尔兰经营一家酿酒厂，酿造的威士忌十分有名，于是他在母亲的帮助下前往英国。1896年，马可尼得到英国邮政部的支援，开始在英国进行无线电报的研究，并且在同年取得了专利。这也是世界上第一个关于无线电报的专利。

随后，马可尼在英国成立了无线电报公司（即后来的马可尼无线电报公司），并且成功实现了英国与法国之间的无线电报通信。1901年，马可尼又完成了横跨大西洋的无线电报实验；6年后，开始提供横跨大西洋的商业无线电报服务。1909年，马可尼获得诺贝尔物理学奖。第一次世界大战时，马可尼在意大利军队服役，担任无线通信的顾问。1937年，63岁的马可尼去世。据说在马可尼去世的第二天，全世界的无线电报都停用2分钟以示哀悼。

横跨大西洋的无线通信

从信息技术的历史上来看，将无线电实用化的马可尼可以说做出了非常巨大的贡献。无线技术使无线电话、广播、电视都成为可能，就连现在的智能手机也离不开无线技术。但马可尼的功绩似乎被世人忽视了，在网上以“马可尼”为关键字进行搜索，出现的相关结果寥寥无几。

1897 年，马可尼凭借自己开发的无线电技术开展商业活动。当时，电报正在逐渐形成覆盖整个世界的通信网络，但却有一片区域始终无法覆盖，那就是海上通信。随着贸易的不断发展，船舶航运业也兴盛起来，因此海难事故也频有发生，而人们当时却没有能够有效应对海难的通信手段。

马可尼关注的正是这片通信的空白领域。这和当年威廉·福瑟吉尔·库克将电报推销给急于解决撞车事故的铁路公司有异曲同工之妙。

说起这些信息技术的相似之处，电报和无线电都通过当时社会关注的事件迅速提高了自身的知名度。莫尔斯因为第一时间利用电报将巴尔的摩的选举结果传送到华盛顿，而使电报的能力为世人所知。1898 年，马可尼受都柏林某报社的委托，通过无线电实况转播了金斯顿帆船比赛情况。搭载了无线电装置的拖船一路跟随比赛的帆船，通过无线电将比赛实况传达回去。这次转播也令无线电名声大噪。

除此之外，马可尼与将电报和电话事业化的人，也有许多相似之处。最明显的是，他们都不是信息技术领域的专业人士。库克是军人出身，莫尔斯是画家，贝尔是发声生理学的教授。马可尼虽然自幼就对物理很感兴趣，但他却没有考上大学。也就是说，将电报、电话、无线电报事业化的人，都没有接受过专门的教育。

马可尼刚开始将无线电报商业化的时候，人们普遍认为电波是直线前进的。在学者们看来，因为地球是圆的，所以电波不可能传送到地球的另一面，甚至连几百千米之外也传送不到。这种想法情有可原，毕竟当时人们还没有发现电离层的存在。而马可尼则努力通过实验来证明无线传送的距离到底有多远。1899 年，他成功地在英国的南福兰和法国的维姆勒间传送了无线电信号，两地相距 50 千米，这也是世界上第一次发送的国际无线电报。后来，马可尼不断延长通信距离：搭载了无线电装置的英国海军军舰成功地在 100 千米外接收到了信号；接着，又在康沃尔的兰兹角与怀特角之间大约 300 千米的距离成功传送了信号；再然后，就是前面提到过的横跨大西洋的无线电通信。

走在理论前面的实证实验

马可尼用于进行横跨大西洋无线电通信实验的通信基地，分别位于英国康沃尔海岸的波尔杜和美国马萨诸塞州的科德角，以及加拿大东部纽芬兰岛的圣乔治斯。最初，担任马可尼公司技术顾问的伦敦大学教授约翰·弗莱明（他提出了右手定则）设计的通信装置被设置在科德角。但这台装置因为遭遇台风而严重损毁，于是马可尼将通信地点改为距离波尔杜更近的圣乔治斯。只要打开地图就会发现，波尔杜和圣乔治斯刚好隔着大西洋呈对称状态，两地都位于北纬 45 度到 50 度之间，距离相隔 3400 多千米。

在圣乔治斯做好实验准备的马可尼于 1901 年 12 月 10 日向位于波尔杜的助手发送了一条电报，要求其在第二天下午 3 点到 6 点（加拿大时间中午 12 点到下午 3 点）持续发送 S 的莫尔斯电码。12 月 11 日的 12 点 30 分，身在圣乔治斯的马可尼接收到了从大西洋彼岸的波尔杜发来的信号。当天，他总共接收到了 20 次信号。

但科学界对马可尼的这次成功却充满了质疑，比如“直线前进的电波不可能传达到 3400 千米之外的地点”“马可尼听到的只不过是噪声罢了”“没有任何证据可以证明他真的接收到了电波”，等等。实际上，马可尼能够提供的证据也只有他和他助手的证言，以及接收到信号时的记录。

不过，也有对马可尼的实验持肯定态度的学者。甚至有科学家已经想到，既然电波能够传达到 3400 千米之外的地点，那么在空中一定存在着能够反射电磁波的某种物质。不过，电离层直到 1924 年才正式被人类发现。

马可尼没有时间等待人们发现电离层，而且他对电离层是否存在也并不感兴趣。对于马可尼来说，他只关心电波是否能够实际传达到。所以，他只需要获得实验结果，至于理论则以后再总结。

由于横跨大西洋的无线电通信实验遭到批评，于是马可尼采用了更令人信服的实验方法。他在费城号蒸汽船上安装了一套无线电报装置，然后在蒸汽船航行的过程中从波尔杜向其发送无线电报。结果证明，如果在夜间的话，即便距离超过 3300 千米，费城号仍然能够接收到无线电报的信号。这次的实验因为有通信记录和船长的证言，所以非常具有说服力。虽然还搞不清楚原理究竟是什么，但科学界在如山的铁证面前也不得不承认电波能够传送到地球的另一边。

在无线电领域同样发挥作用的网络外部性

1900 年，马可尼将公司名称更改为马可尼无线电报公司，并成立了马可尼国际船舶通信公司，开始为商船提供商用无线电通信服务，这时还没有进行横跨大西洋的实验。第一个搭载马可尼无线电设备的商船是北德意志劳埃德航运公司的威廉大帝号。随后，卡纳德、白星以及 P&O 等大型船舶公司都相继和马可尼公司签订了合同。

马可尼公司采用的商业模式也并非销售而是租赁，这一点和贝尔电话公司的商业模式十分相似。马可尼公司给签订合同的商船派遣经过训练的通信员，负责与陆地上的无线电通信站进行联系，进而收取通信员的派遣费以及无线电通信站与设备的使用费。

但要想实现这种商业模式，除了无线电设备外，陆地上的无线电通信站以及熟练的通信员都必不可少。因此，马可尼必须成立专门用来培训通信员的学校。这些“基础设施”需要投入大量的资金，再加上马可尼还要进行横跨大西洋的通信实验，所以他在资金方面非常紧张，公司的经营可以说是举步维艰。直到 1910 年，马可尼的公司才终于能给股东们分红。

马可尼公司采取的这种商业模式，对于帮助其建立起庞大的无线电帝国有极大的好处。1902 年底，马可尼公司与 70 艘商船签订了合同，同时在陆地上拥有 25 家通信站。除了求救信号外，只有与马可尼公司签订合同的商船才能与陆地上的通信站取得联系。此外，也只有与马可尼公司签订合同的商船才能相互进行通信。马可尼公司的网络外部性成为其最大的卖点，与其他无线通信企业（比如马可尼最大的竞争对手德国的德律风根公司）相比，船舶公司更倾向于选择马可尼公司。

1910 年，已经有 250 艘船舶搭载了马可尼公司的无线电设备。这样一来，船舶之间进行通信就变得非常容易。此外，船舶通过位于陆地上的通信站还可以实现跨越大陆的电报通信。因为马可尼公司提供的服务具有更高的便利性，所以顾客们都愿意选择与它签订合同。

当然，这对没有加入马可尼公司通信网络的人来说就非常不方便了。1902 年，德国的海因里希亲王搭乘威廉大帝号前往美国访问，因为在威廉大帝号上搭载有马可尼公司的设备，所以有关海因里希亲王的消息被实时地传送到马可尼公司的无线电台，使海因里希亲王在美国大受欢迎。但亲王从美国返回德国时搭乘的船舶没有马可尼公司的设备，结果他在船上发给美国总统的电报遭到马可尼无线电通信站的拒收。

为了解决这一问题，1906 年在德国柏林召开了第一届国际无线电报会议。会议决定所有的设备都有相互通信的义务。但因为会议上也规定了例外情况，所以马可尼公司仍然拒绝接收其他公司的通信。不过，后来发生了一件震惊世界的大事件，迫使马可尼公司也不得不接收其他公司的通信。这次事件就是著名的泰坦尼克号沉没事件。

将泰坦尼克号遇难的消息通知全世界的无线技术

英国白星船舶公司以运营巨型客船而闻名于世，同时它也是积极争夺最快横跨大西洋纪录的船舶公司。但进入 19 世纪 90 年代以后，白星就被其竞争对手卡纳德航运公司远远地甩在了后面。于是，白星为了反败为胜而建造了著名的泰坦尼克号。泰坦尼克号的排水量高达 4.6328 万吨，比卡纳德旗下 3.1 万吨级的豪华客船卢西塔尼亚号和毛里塔尼亚号更加庞大。

泰坦尼克号在 1912 年 4 月 10 日从英国南部的南安普顿搭载着船员以及 2200 余名乘客开始了它的处女航行。船上配备有马可尼公司生产的无线设备，因此无线通信室又被称为马可尼室。1912 年 4 月 14 日，泰坦尼克号抵达加拿大纽芬兰岛附近洋面。当时因为受暖冬的影响，冰山比往年向南漂得更远，因此夜间的航行非常危险。

4 月 14 日当天，泰坦尼克号的通信员杰克 · 菲利普斯和助手哈罗德 · 布莱德为了维修无线电设备而花费了 7 个小时的时间，因此需要发送的电报堆积如山，在设备修好之后两人一直忙于发送积压的电报。虽然他们也接到了泰坦尼克号的航线上有冰山的警告电报，但这两人因为不知道当时所处的位置，所以并没有及时向船长通报这一消息。

在泰坦尼克号撞上冰山之前，利兰航运公司的加州人号曾经向它发送过紧急电报，电报的内容是："3 座大型冰山位于我们南方 5 英里（约 8 千米）区域。请注意！"但当时忙于发送电报的菲利普斯并没有接收到加州人号发来的信息。更不幸的是，加州人号的通信员在发送多次警告信息无果之后，选择了关闭无线电去睡觉，当时距离泰坦尼克号撞上冰山只剩下 15 分钟。

23 点 45 分，泰坦尼克号的右舷撞上冰山，船底大量进水，沉没的命运已经无法避免。

在 1997 年上映的电影《泰坦尼克号》之中，认为沉没已经不可避免的爱德华·史密斯船长前往马可尼室要求通信员菲利普斯发出遇难信号。菲利普斯问道："是 CQD 吗？"

"嗯，CQD。遇难信号。这是我们的位置。"史密斯船长这样说着，将记载有西经 50 度 14 分、北纬 41 度 46 分的纸条递给菲利普斯。菲利普斯则按照船长的命令发送了"CQD"。

CQD 是马可尼公司制定的船舶遇难信号，信号 CQ（"sécu"，即法语 sécurité"安全"的略称）代表呼叫沿线所有的电台，宣布警告或预警性的信息，同样在海事无线电中，"CQ"也表示对所有人的呼叫。然而，在有线电报中并不存在紧急求救信号，因此马可尼公司在"CQ"后加入了字母"D"，代表"紧急情况"（Détresse），用于紧急呼救。但在前面提到过的第一届国际无线电报会议上，决定将"SOS"作为统一的国际求救信号，用莫尔斯电码表示就是"···––– ···"。不过在会议之后，仍然有很多船只继续使用"CQD"作为求救信号，泰坦尼克号也不例外。幸好助手布莱德想到了会议上的决议，并将这件事告诉给菲利普斯，于是他将求救信号从"CQD"变更为"SOS"。虽然在电影中并没有描写这一场面，但泰坦尼克号实际上发出了全世界第一个“SOS”求救信号。

距离泰坦尼克号只有30千米的加州人号因为关闭了无线电，所以没能接收到求救信号。虽然加州人号上的瞭望员发现了泰坦尼克号发射的求救火箭，但并没有当成求救信号。最先接到泰坦尼克号求救信号的是德国客船法兰克福号，但这艘船距离泰坦尼克号大约250千米远。接到求救信号并率先抵达的是卡纳德航运公司的卡帕西亚号，这艘船距离泰坦尼克号大约100千米。泰坦尼克号于1912年4月15日凌晨2点20分完全沉没。卡帕西亚号抵达时，泰坦尼克号已经沉没了一个半小时以上。只有700余名乘员获救，其余1500余人都和泰坦尼克号一起沉入了海底。

位于纽芬兰岛的无线基地接到求救信号，是在泰坦尼克号完全沉没的一小时之前。泰坦尼克号遇难的消息从纽约通过海底电缆被送往欧洲。4月15日一大早，全世界都得知了泰坦尼克号遇难的消息。

当时，已经获得诺贝尔物理学奖的马可尼本来也受邀全家一起搭乘泰坦尼克号的处女航行，但他因为工作上的事情而提前乘船前往美国；他的妻子和2岁的儿子原计划搭乘泰坦尼克号，但在乘船之前儿子忽然生病，所以他的妻子和儿子便放弃了乘船的计划。马可尼一家意外躲过了这次灭顶之灾。

事故发生2年后的1914年，13个海运国家的代表在英国伦敦召开了首次国际海上人命安全会议，并签订了《国际海上人命安全公约》。公约确定了船只结构、救生设备、无线设备等国际标准。要求搭乘50人以上的船只都必须配备无线设备、保持24

小时开机并有专人负责。这说明，要想充分发挥技术的效果，相应的保障制度也极其重要。

用无线电传播声音

第一次世界大战之后，有一些科学家和技术人员意识到，既然能够用电线传送声音，那么是否也能用无线电来传送声音呢？无线电话的出现可以说是历史的必然，至于何时出现则取决于技术积累的程度。

加拿大的电气工程师雷金纳德·费森登也相信无线电话能够实现。1906 年，费森登成功地在美国马萨诸塞州的布兰特罗克和苏格兰的马赫里哈尼什之间实现了无线电话通信，两地距离 4800 千米。

1906 年的圣诞节前夜，大西洋上的船舶通信员们接收到了不明的呼叫信号。通信员以为是有船舶遇难，立刻戴上耳机接通信号，结果耳边却传来有人说话的声音，而且听得十分清楚。紧接着又传来女性的歌声，歌声结束之后是诗朗诵，最后是小提琴演奏。

通信员们都大吃一惊，将同乘的其他船员也叫来收听这神奇的声音，一时间通信室里挤满了人。在通信的最后，一个男性的声音这样说道："请听到这段留言的人，写信给马萨诸塞州布兰特罗克的雷金纳德·费森登。"之后，很多通信员都给他写了信。

费森登的实验与其说是"无线电话"，不如说是"无线广播"更准确。因此，也有人认为这应该是世界上最早的无线广播。不过，费森登在进行实验的时候完全没有广播的概念，他一心想要实现的只有无线电话。而率先提出无线广播概念的人，是美国的发明家德福雷斯特。

德福雷斯特是无线电报的开发者兼事业家，他成立了美国德福雷斯特无线电公司与马可尼公司展开竞争。1907 年夏，德福雷斯特开始在纽约的两座大楼之间进行“无线电话等同于无线广播”的实验。当时，亨利 · 邓伍迪将军发明了以碳化硅为原料的检波器，人们发现用硅和矿石能够在没有通电的情况下检测出电波。德福雷斯特计划使用这种矿石制作的接收机（即后来的矿石收音机）进行无线广播。他将自己的计划展示给银行家和投资家，遗憾的是几乎没有人对他的计划感兴趣。

1908 年，德福雷斯特来到法国，在巴黎的埃菲尔铁塔上设置了一台功率极高的广播设备，并成功地用留声机广播了音乐。据说这次广播覆盖了半径 800 千米的范围。1910 年 1 月 20 日，德福雷斯特又通过无线电转播了剧院中正演出的节目。当时上演的是男高音歌唱家恩里科 · 卡鲁索演唱的《乡村骑士》和《丑角》，德福雷斯特利用两个麦克风接收舞台的声音进行实况转播。这也可以说是世界上第一次真正的无线广播。据说，有 50 名听众欣赏了这次转播的节目。

但德福雷斯特的想法还是太过超前。由于他的公司迟迟无法盈利，投资者们以诈骗罪将他告上了法庭。德福雷斯特为了筹集诉讼费用，只好将他拥有的专利卖给美国电话电报公司。这对于德福雷斯特来说实在是一个非常遗憾的结果，而广播的商业化则要追溯到第一次世界大战之后了。

从业余无线电到无线广播

前文中提到，德福雷斯特的歌剧实况转播拥有 50 名听众，在这些听众中很有可能会有对无线电非常感兴趣的人。在科学杂志《业余工作》（1904 年 6 月号）上，刊登了 13 岁和 14 岁的两名少年利用自己制作的业余无线电机发送电报的文章，可见在这个时候就有业余的无线电爱好者出现。后来，业余无线电爱好者的数量越来越多，1908 年甚至发行了专门的杂志，还组成了业余无线电爱好者俱乐部。

虽然这些人被称为业余无线电爱好者，但他们的无线电技术一点也不业余。他们甚至侵入了军队的无线通信频道，向军舰下达伪造的命令；或者发送求救信号，欺骗海岸警卫队去救助这艘并不存在的船只。除了这些恶作剧之外，业余无线电爱好者的增加也使得无线电信号变得非常混乱。因此，美国政府在泰坦尼克号遇难的 1912 年颁布了限制无线通信的法案，规定业余无线电爱好者只能使用 200 米以下的波段，因为 200 米以下的短波被认为属于通信质量较差的波段。即便如此，业余无线电爱好者的数量仍然有增无减。据说到了 1917 年，没有正式执照的业余无线电台的数量多达 15 万个。

除了德福雷斯特之外，还有人也在不断地进行着利用无线电传送声音的实验。被称为“广播通信业之父”的戴维 · 萨尔诺夫就是其中之一，他在 1914 年进行的实验中，成功地用无线电将留声机的音乐传送到大约 100 千米之外的客船上。

同一时期，纽约市立大学的电力工程学家阿尔福莱德 · 戈德史密斯教授也在进行用无线电传送音乐和对话的实验。戈德史密斯教授的“无线广播”能够覆盖半径1200千米的范围，许多业余爱好者都用矿石收音机接收他的信号。

1915年，美国电话电报公司在弗吉尼亚州的阿灵顿利用无线电播放音乐，巴黎、旧金山、火奴鲁鲁等距离阿灵顿4800～8000千米的地区都能接收到该信号。这种程度的无线电广播，在技术层面上来说已经非常接近实用阶段。

但当美国参加第一次世界大战之后，不管是公用的还是业余爱好者用的，所有的无线电设备都处于政府的管辖之下，许多业余无线电爱好者也成为军中的无线电报员。一战后，政府解除了对业余无线电的管控，而业余爱好者们也开始积极地通过无线电传播对话和音乐等声音信息。照这个势头发展，将来出现在特定的时间段定期进行广播的情况也是很自然的。

在西屋电气公司担任工程师的弗兰克·康拉德就是率先采取这一行动的业余无线电爱好者。康拉德在位于匹兹堡的自宅车库里成立了无线电台8XK，播放谈话和音乐节目。康拉德的节目大受欢迎，甚至有热心的听众写信向他点播音乐。于是，康拉德开始在每周六的晚上按时进行“无线广播”，后来发展成每天晚上都会按时广播。

康拉德还和一家名叫汉密尔顿的音像店进行合作，作为免费从音像店借来唱片的交换，康拉德会在广播时宣传这家音像店的名字。这可以说是最“原始”的广播广告。康拉德对钢琴和萨克斯现场演奏的转播也非常受欢迎。1920年5月，匹兹堡的报纸还特别对康拉德定期举办的“无线音乐会”进行了报道。当地的约瑟夫·霍恩百货商店从无线广播的火爆中看到了商机。1920 年 9 月，约瑟夫·霍恩百货商店在《匹兹堡日报》上打出广告，宣传只要来店购买矿石收音机，就能收听康拉德定期广播的节目。结果，很多人为了收听广播节目而购买了售价 10 美元的矿石收音机。

西屋电气公司的副总裁哈利·戴维斯在报纸上看到广告之后才知道康拉德的广播节目如此受欢迎。他一直认为无线电话最大的缺点就是难以保护通话的秘密，不过，无线电话也能够实时地在更广范围内传送信息。这样一来，其最大的缺点反而变成了最大的优势。只要充分利用这一优势，就能够增加收音机的销量。

想到这一点的戴维斯立刻命令康拉德在位于东匹兹堡的工厂里设置无线广播电台，每天晚上进行广播。这就是 1920 年 11 月 2 日开播的全世界第一个商业广播电台——KDKA 广播电台。

KDKA 广播电台之所以选在 11 月 2 日开播是有原因的。这一天正好是美国共和党候选人沃伦·哈丁和民主党候选人詹姆斯·考克斯竞选总统公布结果的日子。戴维斯打算通过 KDKA 广播电台将竞选结果实时发送出去。

当初，塞缪尔·莫尔斯在华盛顿到巴尔的摩之间铺设电报线路时，因为第一时间公布了美国民主党总统候选人的新闻而备受关注。不知道戴维斯是否也知道这件事，总之他的计划大获成功，使得 KDKA 广播电台在无线电爱好者之间一举成名。后来，美国又相继出现了许多广播电台，收音机的销量也飞速增加。KDKA 广播电台开播时，全美收音机的数量大约为 1.5 万台。

4 年之后，这个数字就变成了 500 万台，广播电台的数量也增加到 530 个。美国出现了前所未有的广播热潮。

无线广播带来的全新交流方式

最初，无线电通信机被称为无线电话，是用来进行双向交流的通信设备。但这个设备的特别之处在于它并非专业人士的专属物品，众多的业余爱好者也能够使用。正如前文所述，无线广播的诞生就不是出于商业的目的，而是因为无线电爱好者们的好奇心。用于广播的必要设备也没有被把持在资本家的手里，所以所有人都能公平地使用。

请大家回忆一下电报。业余电报员也可以用自己的电键来练习发送莫尔斯电码，有时候还可以用自制的电报机和电线与朋友互相发送信号。据说著名的发明家托马斯·爱迪生小时候就自己制作过电报机，并且在自己家和朋友家之间架设了电报线，与朋友之间相互发送信号。但要想发送正式电报，那就必须入职像西联公司那样的大型通信公司，因为只有拥有雄厚资本的大型公司才拥有庞大的电报网络。由于生产要素都被资本家垄断，所以没有资本的人只能从属于资本家。

与之相对，无线通信虽然也需要通信机，但因为无线通信的媒介是能够在空中穿行的电波，所以不需要构筑通信网络。而且，掌握无线电知识和购买一套无线电设备并不需要太多的资金投入，只要有一定的资本，谁都可以参与到无线广播之中来。

业余无线电爱好者们从一开始就意识到无线电报和有线电报

之间的决定性差异，那就是无线电是能够实现一对多实时交流的信息技术。这种交流方式可以说是前所未有的，也使得无线电开拓出了与电报和电话完全不同的可能性。

利用无线电发送、接收电波在技术上的难度完全不同。即便是没有无线电知识的人，也能够通过矿石收音机接收无线电信号。而且，矿石收音机的价格并不昂贵，在百货商店或者街上的电器行里随时都可以买到。

至于发送无线电波，则需要专业的知识，而且配套设备的价格也比较高。愿意投入时间和资金去发送电波的人，就是名副其实的无线电爱好者了。而普通人则没有这种兴趣，他们只想通过收音机收听当时最热门的广播节目。所以对他们来说，拥有一台具有接收功能的矿石收音机就足够了。

通过收听广播，人们逐渐接受了这种全新的交流方式。这就是大众成为交流受众群体的过程。在无线广播诞生之后，绝大多数的人并没有选择“发送电波”的可能性，而是选择了“接收电波”的可能性。通过将无线电话转变为无线广播，信息技术终于实现了真正的大众化。

无线通信员戴维 · 萨尔诺夫

无线广播始于业余无线电爱好者，但在商业人士中也有人预见了无线广播可能性，这个人就是前文提到过的戴维 · 萨尔诺夫。萨尔诺夫早在 1915 年就向上司建议说“无线电音乐盒”（Radio Music Box）会成为热销商品。萨尔诺夫所说的无线电音乐盒就相当于收音机。在介绍这台设备之前，我想先为大家介绍一下在信息技术的历史之中具有重要意义的人——戴维·萨尔诺夫。

戴维·萨尔诺夫于 1891 年出生在俄国明斯克的一个小村庄，他是犹太裔俄罗斯人。萨尔诺夫一家在他 9 岁的时候从俄国移民到美国。对于不会英语的萨尔诺夫来说，美国实在是过于陌生和遥远，更不巧的是萨尔诺夫的父亲在移民美国后身患疾病无法正常工作。所以，一家人挤在纽约东区一个老旧的居民楼里勉强维持生活，萨尔诺夫只能一边上小学一边卖报纸补贴家用。

萨尔诺夫从小就展现出过人的商业天赋。最初，他只是一名普通的卖报童，但很快他就开始向杂货店和商店批发报纸。他还优先将 300 份报纸分给 6 个报童，让他们在街头销售，而自己则赚取手续费。在父亲病情恶化之后，身为长子的萨尔诺夫扛起了养家糊口的重担。

1906 年，15 岁的萨尔诺夫成为一家电报公司的信童。如同当时绝大多数的信童一样，萨尔诺夫也希望自己将来能够成为一名通信员。他用仅有的零花钱购买了电键和莫尔斯编码本，开始练习发送电报。幸运的是，萨尔诺夫和公司里的电报员关系不错，电报员教给他许多宝贵的经验。

但后来萨尔诺夫因为一点小事被公司开除，正在他走投无路的时候，美国马可尼无线电报公司开始招聘员工。1906 年 9 月 30 日，萨尔诺夫被雇用为美国马可尼公司的正式员工。因为萨尔诺夫会使用莫尔斯电码，他终于成为美国马可尼无线电报公司的一名无线通信员。

在萨尔诺夫担任无线通信员的时候，发生了一件震惊整个世界的大事件，那就是前文中提到过的泰坦尼克号沉没事件。1912 年 4 月 14 日，泰坦尼克号撞上冰山，当时萨尔诺夫在约翰·沃纳梅克电台担任无线通信员。这个电台位于纽约曼哈顿大厦的顶楼，是当时世界上最先进的电台之一。当天，值夜班的萨尔诺夫在耳机里偶然收听到距离 2200 千米以外的奥林匹克号发来的紧急信号："泰坦尼克号撞上冰山，正在迅速下沉。"

萨尔诺夫向奥林匹克号确认了详细情况之后，立刻将信息通报给新闻协会和各大报社。随后，萨尔诺夫一直将接收到的信息转发出去。为了避免信号混乱，时任美国总统的威廉·塔夫脱下令除了沃纳梅克电台之外的其他通信站全都暂时关闭。有亲朋好友搭乘泰坦尼克号的人们全都涌到沃纳梅克百货，就为了第一时间知道萨尔诺夫接收到的信息。萨尔诺夫也感到自己身上的责任重大，连续三天三夜寸步不离地坚守在电台旁接收信息并实时转发。

无线电音乐盒

在 1912 年之前，美国一直将无线电称为"wireless"；但在 1912 年之后，美国则开始将无线电称为"radio"。这是因为美国海军为了区分无线电报和无线电话，将前者称为"radio telegraphy"，而将后者称为"radio telephony"。在无线电（radio）的说法开始普及的这一年，萨尔诺夫也开始利用无线电技术进行信息的收集和发送。

1915年，萨尔诺夫在写给马可尼无线电报公司的副总裁兼总负责人爱德华·纳里的信中第一次提到了无线电音乐盒的概念。当时萨尔诺夫24岁，他在信中对无线电音乐盒市场发展的可能性与无线广播的未来发展进行了如下的设想：

> 我有一个使无线电成为像钢琴和留声机那样的“家庭用品”的开发计划。这个计划就是通过无线电将音乐发送到各家各户……无线电接收机只是一个单纯的“无线电音乐盒”，可以调整多个不同的波段，但必须设计成只需要按一个开关或者一个按钮就能切换波段的设备。

萨尔诺夫还提出，适合进行广播的节目包括音乐会、歌剧、歌曲、国家大事、棒球比赛的分数等，这些就相当于新闻。

此外，无线电音乐盒的价格在实现批量生产之后能够控制在一套75美元左右，是大众比较能够接受的价格。当时美国有1500万个家庭，如果7%的也就是大约100万个家庭购买的话，就可以创造大约7500万美元的销售额。萨尔诺夫的计划是第一年生产10万套，销售额达成750万美元；第二年生产30万套，销售额成长到2250万美元；第三年生产60万套，销售额进一步达到4500万美元，这样销售额累积达7500万美元。

萨尔诺夫的提议在技术上是可行的。1914年，萨尔诺夫就在沃纳梅克电台进行过利用无线电广播留声机音乐的实验。此前的1910年，德福雷斯特已进行了利用无线电实况转播歌剧的实验。此时距离1920年KDKA电台开播还有好几年。萨尔诺夫可能也知道德福雷斯特的实验取得了成功，所以他是在充分把握无线广播可行性的基础上，准备凭借自身公司的力量在技术上将其变为现实。

于是，萨尔诺夫在积极进行实验的同时，向马可尼无线电报公司的总负责人爱德华·纳里提出了生产无线电音乐盒的建议。纳里也是一名优秀的经营者，但在当时的管理层看来，萨尔诺夫的计划简直就是痴人说梦。最终，管理层以为时尚早为由拒绝了萨尔诺夫的提案。但萨尔诺夫并没有放弃，在一战后他又再次启动了无线电音乐盒的计划。

萨尔诺夫进军广播事业

第一次世界大战结束后的 1919 年，美国政府尤其是美国海军意识到国家企业在无线通信领域的必要性。当时，美国无线电市场的代表企业只有马可尼无线电报公司，但这是一家英国资本的公司。于是，在美国海军的授意下，萨尔诺夫同公司的实际负责人纳里和通用电气（GE）的代表们一同前往英国，要求马可尼公司转让股份。1919 年 12 月 1 日，美国无线电公司（Radio Corporation of America，RCA）成立。

RCA 最大的股东是通用电气，美国电话电报公司、西屋电气公司以及联合果品公司等拥有无线技术专利的公司成为其联名股东。RCA 的公司章程规定，公司高层干部必须是美国人，外国资本不能持有超过 20% 的股份，而且管理层中必须有海军的代表。对于美国的民营企业来说，这种具有浓厚国营色彩的制度可以说是非常罕见。萨尔诺夫在 RCA 中担任营业部长。

关于 RCA 股东之一的联合果品公司，我觉得有必要简单介绍一下。这家公司在加勒比海周边国家拥有种植园，主要从事香蕉等果品的进口业务。因为要在各个供应链之间进行信息交流，所以联合果品公司很早就开始使用无线电技术，旗下甚至拥有一家专门运营无线电业务的子公司，还拥有许多专利。因此，联合果品公司成为 RCA 的股东也是理所应当的。

参股 RCA 的企业将专利共享，约定由通用电气和西屋电气负责制造无线电接收机（即收音机），美国电话电报公司负责制造和销售无线电发送机，RCA 负责经营无线电业务以及销售由通用电气和西屋电气制造的无线电接收机。

1921 年，30 岁的萨尔诺夫成为 RCA 的总经理，他终于可以启动被搁置许久的无线电音乐盒计划了。虽然 RCA 比 KDKA 电台迟了半年进入市场，但还有迎头赶上的可能。

萨尔诺夫发现美国人十分喜爱拳击比赛，于是他计划实况转播杰克·登普西与乔治·卡尔庞捷的重量级拳王争霸赛。萨尔诺夫向 RCA 申请了 1500 美元经费，在泽西市的比赛现场设置了实况转播基地。此外，他还在美国中部以及东部大西洋一侧的电影院里设置了无线电接收机，以便那些自己没有收音机的人也能收听到这场拳击界的“世纪大战”。

据说，有 40 万人通过无线广播收听了这场比赛。当登普西在第四回合 KO 卡尔庞捷取得胜利之后，当时正在伦敦休假的 RCA 总裁纳里立刻给萨尔诺夫发了一封电报，电报的内容是“你们创造了历史”。

随后，萨尔诺夫的广播事业取得了飞速的发展。RCA 在纽约长岛设置了一个功能强大的无线电台，并购买了大量专利，又于 1924 年在全国范围内收购了 9 个有影响力的广播电台。RCA 广播事业发展的速度，也直接表现在其收音机的销量上：

初年度（1922 年）	1100 万美元
第二年（1923 年）	2250 万美元
第三年（1924 年）	5000 万美元
合计	8350 万美元

萨尔诺夫曾经预计收音机的销售额将在 3 年间达到 7500 万美元，但实际情况甚至超出了他的预想。美国购买收音机的家庭越来越多，1922 年有 6 万户家庭拥有收音机，到了 1924 年这个数字就增加到了 125 万，1929 年更是激增到 1025 万。

广播节目的诞生

说起早期的广播节目，或许大家首先想到的是悬疑广播剧、肥皂广播剧、喜剧广播等节目，但实际上 20 世纪 20 年代的广播节目内容更贴近当时人们的生活，肥皂广播剧（这些节目的广告赞助商大多是肥皂公司，因此得名）大受欢迎是 20 世纪 30 年代之后的事了。

早期的广播节目以股票信息、市场信息、小说朗读、音乐会转播、歌剧、面向主妇的家居建议等内容为主，晚间 7 点到 8 点还有专门给小朋友们播放的“睡前故事”。

20 世纪 20 年代中期，出现了将音乐和谈话融合在一起的节目，比如芝加哥广播电台 WLS 播放的“WLS Show Boat”就是其中的代表。WLS 是西尔斯·罗巴克百货公司于 1924 年成立的广播电台，WLS 是“World's Largest Store”的缩写。这个节目面向的听众群体是西尔斯·罗巴克百货在中西部乡村地区的顾客们。

“WLS Show Boat”一经播出就大受欢迎，这个每周五晚上的广播，其实就是对航行在美国河流上的演出船（也被称为水上戏班）表演的节目进行转播。船长负责主持整个节目，水手们则配合演出，主要的节目内容由乐器演奏和演唱组成。广播电台在节目演出的同时进行转播，相当于现在所说的现场直播。

1925 年，美国的广播电台数量为 571 家；20 世纪 20 年代末，则超过了 600 家。1923 年，收音机生产商与销售商成立的广播电台约占全部电台数量的 40%。除此之外，大学等教育机构、报社、出版社、零售企业以及教会都成立了自己的广播电台。

这些广播电台大多是依靠其主业获取的利润来维持运营。比如，前面提到过的 WLS 电台就是西尔斯·罗巴克百货公司出资运营的，目的在于通过电台广播宣传自己的产品，吸引更多的顾客前来购买。在互联网出现之后，如今很多企业都开设了自己的官方网站，和以前的企业开设广播电台的性质是一样的。

广播网络与广告的诞生

1922 年，电话市场巨头的美国电话电报公司进军无线电市场，该公司旗下的 WEAF 广播电台的最大特点是通过播放广告来获取收益（到了 1927 年，几乎所有的广播电台都将播放广告作为主要的收入来源）。此外，美国电话电报公司还第一次将连锁播放方式导入广播事业之中，这也是现在广播网络的起源。美国电话电报公司通过自己拥有的长途电话线路，以纽约的 WEAF 电台为中心构筑起了一个横跨整个美国大陆的广播网络，网络中拥有 26 个电台。这样一来，WEAF 就可以在同一时间向全美国进行广播。

然而，美国电话电报公司却在 1926 年将自己的广播电台卖给了 RCA，而 RCA 则在同年成立了专门的广播公司——全国广播公司（National Broadcasting Company，NBC），进而垄断了美国的广播事业。不过，后来 NBC 的垄断行为受到美国政府的限制，于是分割出了美国广播公司（American Broadcasting Company，ABC）。

很多知名品牌的生产企业和广告公司都看中了广播这个全国规模的宣传网络。智威汤逊、扬·罗必凯、丹瑟·菲茨杰拉德·桑普尔等大型广告公司直接买下黄金广播时段，制作大众喜欢的广播节目并插播赞助企业的广告。据说，1928 年由宝洁公司赞助的家庭喜剧《阿莫斯和安迪》开播时，美国有 1/3 的人都守在收音机前收听节目；而宝洁借此机会宣传的白速得牙膏也取得了惊人的销量。

请大家回忆一下，第一次工业革命时的大批量生产和运输以及信息之间的关系。要想将大批量生产出来的产品销售出去，必须拥有使商品在大范围内流通的能力。铁路在这个过程中发挥了非常重要的作用。为了让商品顺利流通，及时传达信息是十分必要的。除此之外，还需要让消费者知道“我们生产出了如此优秀的商品”。在这个过程中发挥重要作用的就是广播。

令人意外的是，萨尔诺夫对广播广告持否定的态度，他认为广播公司应该以广告之外的收益来维持运营。因为广播属于公共事业，任何人都可以收听，听众必须能够免费收听广播节目，所以广播事业者要自己想办法筹集运营费用。德福雷斯特也认为广告影响了广播节目的品质，有些广播公司忙于赚取利润，疏忽了节目的制作质量。

不过，美国三大广播网络之一、后来成为 NBC 强大竞争对手的哥伦比亚广播公司（Columbia Broadcasting System，CBS）的总裁威廉·佩里对广告十分支持。佩里认为，广播需要花费大量的资金，但政府并没有给予相应的支持，因此广播公司只能依赖广告来获取资金。

萨尔诺夫与德福雷斯特和佩里的看法分别代表了广播发展的两种可能性方向，都有实现的可能性。如果国家控制了无线电广播，那么在广播节目中或许就不会允许有广告出现。最初以国营形式开始的日本广播事业就是如此。但美国并没有选择萨尔诺夫和德福雷斯特的价值观，而是走上了广播广告的道路。广播事业也因此发展成为一个庞大的产业。

变化的生活与全新的问题

当广播这一全新的信息技术所拥有的可能性变为现实之后，

又引发出其他的可能性。前文中提到的连锁广播的实现，引发出广播广告的可能性就是其中之一。同样的情况也出现在收音机上。

20 世纪 20 年代初期的收音机只是一个非常简陋的“金属块”。但很快，裸露的机械部分就被收进了木制的盒子之中，使其看起来和家具更加搭配。西屋电气公司推出的收音机“AERIOLA GRAND”拥有豪华的桃花心木外壳，全套价格高达 409.5 美元，换算成现在的价格大约为 6 万元人民币。当时这种高级的收音机可以说是上流家庭的象征。同时，收音机的体积也开始向小型化的方向发展，甚至出现了可以手持的小型收音机。这也意味着收音机从一家一台的时代进入到一人一台的时代。1930 年，车载收音机问世。

广播节目和收音机的出现，自然而然地改变了人们的生活方式，比如很多家庭主妇开始一边听肥皂剧一边做家务。后来，随着电视的普及，人们更习惯一边看电视一边做家务，但这种生活方式的起源都是从收音机时代开始的。

当时，人们为了收听热门广播节目《阿莫斯和安迪》等，每天都会准时地等候在收音机前。在那个广播节目同时播放而且也不能录音的时代，一旦错过节目的播放时间就再也听不到了。由此可见，早在 20 世纪 20 年代末，人们就已经开始根据广播节目的时间来调整自己的时间表。这种生活方式在进入电视时代之后变得更为显著。

可能性的实现往往伴随着意料之外的问题，无线广播也是如此。在广播初期出现的主要问题之一，就是广播电台数量太多导致的信号混乱。于是，在 1922 年，美国政府召集广播行业的相关从业者举行了一场会议。会议决定，因为无线电波段是有限的，而且是全体国民共有的资源，所以必须以“公共利益”为最优先。5 年后的 1927 年，美国政府颁发了《无线电管理法》，规定从事无线电广播的人必须以公共利益为基础提供服务。

随着广播的普及，也出现了相应的著作权问题。起初，音乐家和唱片公司都积极地将自己拥有的音乐拿给广播公司进行播放。但随着收音机的急速普及，音乐著作权团体 SCAP 开始要求维护作曲家与演奏家的权利——广播电台在播放音乐作品时必须向该团体提出申请，并且支付版权费用。

美国这个国家的有趣之处在于，每当有新技术出现的时候就会第一时间开始使用，遇到问题则解决问题。因此，美国在 19 世纪后半段才会出现实用主义的风潮。

实用主义非常重视易谬论。所谓易谬论，指的是人类承认自己获得的知识经常会存在错误的一种态度。因此，当将知识应用到现实中时，一旦发现错误就要及时改正，如果再发现错误就继续改正。通过不断重复这一过程，即便不能达到 100% 的正确，也要朝着 100% 的正确去努力。易谬论与黑格尔提出的“正、反、合”的辩证法有很多相似之处。

易谬论的观点与人类在电报、电话以及广播上所采取的行动是一致的，而且直到现在也仍然适用。比如，谷歌在刚开始推出街景地图的时候，因为涉及个人隐私的问题而遭到了严重的批判，但谷歌很快就采取了将人脸和车牌号打上马赛克的对策，如今街景地图已经成为人们生活中不可缺少的实用工具。

无线广播作为一对多的信息技术连续不断地为大众提供精神上的享受，最终成为一种强大的大众传播方式。但很快又出现了另外一种比无线广播更加强大的信息技术，这就是第五章介绍的电视。在电视的时代，戴维·萨尔诺夫也发挥了非常重要的作用。让我们一起来感受电视时代的热潮吧。

第五章

电视时代到来

筹划电视播放的萨尔诺夫

1923 年 4 月，担任 RCA 副总裁的戴维·萨尔诺夫在董事会上提到了关于电视播放的内容，当时的会议记录如下：

> 我相信在不久的未来，利用无线电传播图像的技术一定能够实现。未来当我们传送新闻的时候，比如将发生在欧洲、南美或者东亚的重要事件传送到美国时，除了声音之外，相应的影像也同样能够通过无线电传播过来……我认为在 10 年之内，这种名为电视的信息技术就能够实现。这样一来，只要有合适的发送设备，就能够将重要的新闻以及人们感兴趣的节目的声音连同影像一起通过无线电发送出去，人们就可以在家或剧院观看。就像现在看电影一样，只不过是通过屏幕来看。

在 1923 年这个时间点，广播产业才刚刚走上正轨，广播电台的网络和广播也才刚刚起步。广播尚未迎来自己的黄金时代，而就是在这个时期，萨尔诺夫就已经预言了电视时代的来临。或许他在将无线电音乐盒变为现实之后，接下来的目标就是电视了吧。当然，他的这种超前意识又让董事会成员们大吃一惊。

1947 年，萨尔诺夫在 NBC 年终大会上的演讲中提到电视将会给广播带来破坏性的影响，希望能够引起广播行业的重视。他还根据自己在通信和娱乐行业工作40余年的经验提出，要想在竞争中生存下去，就必须不断地前进，绝对不能停滞不前。他希望广播行业的从业者能主动走上新的轨道，跟上变迁的趋势。因此，他也遭到守旧派们的批判——“电视商萨尔诺夫要粉碎广播产业”。

此外，萨尔诺夫很早就已经意识到黑白电视绝非电视的终点。在黑白电视的播放还没进入实用阶段的1930年，萨尔诺夫就在投稿给《纽约时报》的文章中预言了彩色电视时代的到来。在RCA开始正式销售黑白电视4年之后的1950年，萨尔诺夫认为电视已经站在了彩色时代的大门口。于是，他投入了大量的资金进行彩色电视的开发，并且成功地占据了这一市场的优势地位。由此可见，萨尔诺夫在他的一生中实践了3次熊彼特所说的创造性破坏：

①从无线电报到无线广播

②从无线广播到黑白电视

③从黑白电视到彩色电视

“我们只有抛弃过时的旧设备，才能得到紧跟时代的新设备。”萨尔诺夫所做的正如他所说的一样，完全是创造性的破坏。不过，虽然萨尔诺夫早就预言了电视时代的到来，但电视的普及却并非一帆风顺。

比收音机更早的电视机开发历史

信息技术的历史是从广播到电视进行变迁，因此人们普遍认为收音机比电视机更早开始进行实验，但实际上电视机的开发时间要比收音机更早。如果将电视看作是连续发送静止图片的技术，那么亚历山大·拜恩早在 1843 年就已经取得了“自动电解式记录电报机”的专利，这项专利使用的就是发送静止图片的技术。

至于以有线的方式连续发送静止图片的技术，在 19 世纪 80 年代也有许多设备生产者取得了专利，这些设备采用的都是机械扫描的方式。到了 20 世纪 20 年代，人们已经能够传送一些模糊的图像，但距离实用化还差得很远，而萨尔诺夫就是在这样的情况下预言了电视机的诞生。

机械扫描方式有一个致命的弱点，那就是扫描线的数量是有限的。因为扫描线越多，图像就越清晰，这对于扫描线数量有限的机械扫描来说是非常不利的。于是，全电子化的设备应运而生。这种设备能够将摄像机拍摄的光学影像转变为电子信号，再发送到接收机的阴极射线管中。

1926 年，被称为“日本电视之父”的高柳健次郎，成功地利用阴极射线管显示出了片假名的“イ”。不过，第一个制造出实用级全电子化电视的是俄裔美国人弗拉基米尔·兹沃里金。兹沃里金在移民美国后，进入西屋电气公司参与全电子化电视机的开发。但是，西屋电气公司对兹沃里金的研究没有给予足够的预算支持。于是，兹沃里金只能向当时担任 RCA 副总裁的戴维·萨尔诺夫寻求援助。

1929 年，萨尔诺夫将兹沃里金和他的几名部下全都挖到 RCA，让兹沃里金负责全电子化电视机的开发。1929 年 11 月，兹沃里金在广播技术协会举办的聚会上展示了电子影像扫描管，这也是全电子化电视第一次公开亮相。当时距离 RCA 旗下的 NBC 正式开始电视播放还有 10 年。RCA 以 10 万美元预算开始涉足电视事业，到正式运营为止总计投入了 1000 万美元，而要想实现盈利则还需要再投入 4000 万美元。1936 年，第十一届夏季奥林匹克运动会在柏林召开，纳粹德国在市内的 28 个场所设置了电视接收机，用于转播比赛实况。

1939 年，电视播放事业终于正式开始运营。4 月 20 日，纽约世界博览会召开，萨尔诺夫在 RCA 馆的开馆典礼上致辞。在他的面前摆着电视摄像机，他的致辞将被转播到会场内的电视机、位于曼哈顿的 RCA 总部的电视机以及少数家庭中的试验用电视机上。当时的电视机有 9 英寸的直射式和 12 英寸的反射式两种规格，屏幕大小相当于现在的平板电脑，但因为屏幕四周还有厚厚的框体，所以整体显得十分笨重。

萨尔诺夫在电视摄像机前高声宣布道："4 月 30 日，NBC 将在历史上首次面向大众播放电视节目。纽约地区的商店也将开始销售电视机。"前来参观纽约世博会的游客对电视机表现出了极大的热情，RCA 馆被挤得水泄不通。

10 天后，NBC 在位于纽约帝国大厦的广播电台开始定时播放电视节目。RCA 制造的电视机也同时出现在纽约的商店里，售价为 625 美元，折算成现在的价格大约为 21 万元人民币。据说直到 1940 年，购买电视机的人也只有几百位。

电视机的开发与普及由于受第二次世界大战的影响而陷入停滞状态。1944 年，美国电视协会授予萨尔诺夫“美国电视之父”的称号；但直到二战结束，电视才算是真正得到普及。

从国家主导开始的日本的广播

接下来让我们看一看日本的广播历史。1925 年 3 月 22 日，日本广播协会（NHK）的前身社团法人东京广播局，在东京芝浦的临时电台播放了日本的第一个广播。此时距美国的 KDKA 电台开播已经过去了 4 年零 4 个月。

日本运输通信省（日本邮政事业厅的前身）在调查了美国的广播事业之后，也考虑将广播事业向民间开放。但政府认为广播事业应该属于非营利事业，于是以社团法人的形式成立了东京广播局，后来又相继成立了名古屋广播局和大阪广播局。这 3 家广播局在 1926 年合并为社团法人 NHK。当时要想拥有无线电接收机，必须得到日本运输通信省的许可。日本的广播事业就在这样的背景下开展了。在日本不管是电报、电话还是广播，全部都是国营的，这与美国完全由民间的热情发展起来的通信事业存在着本质的区别。

但这并不意味着日本民间对广播漠不关心。当初，日本政府打算将广播事业向民间开放时，全国有超过 100 个企业家应征。由此可见，在日本也有不少看好广播发展可能性的人。日本政府秉承“一座城市一个广播电台”的原则，计划首先在东京、大阪、名古屋这 3 座城市开始进行广播，但没能成功地将应征的企业家们统合到一起，这也是导致日本广播国营化的主要原因之一。此外，虽然日本的无线电接收机采取的是许可制，但在开始广播的3月末，无线电接收机的数量就达到5500台，半年后这个数字更是激增到7.5万台。这说明日本人对广播也有极高的期待。

第二次世界大战结束之后，日本社会反对NHK垄断广播权的呼声也越来越高。这次被称为“广播自由”的运动要求日本政府放弃对广播事业的垄断，通过引入竞争机制使广播事业彻底民营化。

1950年，从战后恢复过来的日本颁布了被称为“电波三法”的《广播法》《电波法》和《电波管理委员会法》，社团法人NHK也改组为制定《广播法》的特殊法人。“电波三法”的确立，使日本民间资本也可以成立广播电台，这可以说是“广播自由”运动取得的成果。1951年9月1日，名古屋的中部日本广播（CBC）、大阪的新日本广播（后来的每日广播）相继成立，这也是第一批民营的广播电台。此后一年间，日本全国成立了14家民营广播电台；二战后的日本终于出现了民间的通信企业家。

将民营电台称为通信企业，可能有人会感觉不太合适。但实际上“民营电台属于通信企业”这个说法是没有错的。《广播法》第二条记载：“‘广播’指的是以公众直接接收信号为目的而进行的电子通信。”也就是说，广播是通信的一部分。无线通信是电子通信的一种形态，法律规定这种特殊的形态就是广播。所以广播电台也属于通信企业。

吉田秀雄与日本的民营广播电台

因为有了美国的先例，所以日本的民营广播电台也打算将播放广告作为收入的来源。

民营广播事业如果想顺利地发展下去，广告方面的专业人才必不可少，于是民营广播电台就开始和广告公司进行合作。帮助民营广播电台实现飞速发展的，正是广告公司电通集团的第四代社长，制定了“鬼十则”的吉田秀雄。

电通集团的前身是曾经担任过随军记者的光永星郎在 1901 年与日本广告公司共同成立的电报通讯社。创业 6 年后的 1907 年，电报通讯社与日本广告公司合并，成为现代的电通集团。

1936 年，电报通讯社的通信部门被移交给竞争对手日本新闻联合社，成为日本国策会社的同盟通讯社；电报通讯社则获得了日本新闻联合社的广告部门，成为一家专门从事广告业务的公司。顺带一提，同盟通讯社在二战后很快就解散了，取而代之的是共同通信社和时事通信社。此外，电报通讯社在 1955 年将公司名称改为电通集团。

1928 年，从东京帝国大学经济学部毕业的吉田秀雄进入电报通讯社就职。他在广告事业部门的营业部取得了非常优异的成绩；当第三代社长上田硕三在 1947 年因为开除公职而被迫离开电报通讯社时，吉田秀雄继任成为第四代社长，当时他年仅 43 岁。

吉田对广播事业的未来充满期望。1945 年 9 月 25 日，日本政府在议会上通过了《关于设置民间广播机构的议案》，承认国营与民营广播机构的共存。东京商工经济会（现在的东京商工会议所）的理事长船田中在日本运输通信省的劝说下决定率先成立民众广播公司。对民营广播公司来说，广告是必不可少的，但船田在这方面却没有丝毫经验。于是，船田找到电报通讯社的上田社长商议，对方推荐吉田负责此事。就这样，吉田成为民众广播公司的创立准备副委员长，负责向广播局申请许可。吉田因此与广播事业结缘。

民众广播公司以东京为中心，在北海道、名古屋、大阪、福冈等地都设有广播电台，目标是拥有能够与 NHK 相抗衡的广播网络。收听民众广播公司的广播是免费的，取而代之的是广播公司向广告主收取广告费用来维持公司的正常运营和收益。这也是民众广播公司的基本运营方针。

但驻日盟军总司令部（General Headquarters，GHQ）不允许日本成立民营广播电台。这可能是因为对于 GHQ 来说，广播局越少越便于他们进行管理。后来，成为创立准备委员长的吉田将创立准备事务所转移到电报通讯社内部，一边等待“电波三法”的颁布一边寻找机会。1949 年，吉田将公司名称从民众广播公司变更为东京广播，并且再次提交了申请。

1951 年，东京广播与同时申请许可的读卖广播（读卖新闻社）、朝日广播（朝日新闻社）、广播日本（每日新闻社）合并成立了广播东京，这就是现在的日本东京电视台（Tokyo Broadcasting System，TBS）的前身。12 月 25 日，广播东京正式开播。

吉田在广播东京成立之前，就已经在电报通讯社的总部东京、名古屋以及大阪设立了广告部。他还向广告主们发送广播广告的样本，积极地为广告业务进行宣传。任何新成立的广播电台向广播东京发来合作的请求，吉田都会毫不吝啬地派去对广告业务十分熟悉的优秀人才，因为他希望能够帮助整个行业取得成功。可以说，吉田对日本民营广播事业的发展做出了巨大的贡献。同时，第一时间与广播事业展开合作，也成为推动电通集团飞速发展的原动力。

广播事业的转变

吉田认为，广播广告成功与否的关键在于无线电接收机的数量。1920 年，日本的普通家庭和事务所拥有 110 多万台无线电接收机。在 GHQ 的指示下，更多的无线电接收机被迅速地制造出来。民营广播开始时，日本全国已经拥有 900 万台无线电接收机。如果播放广告的话，这些无线电接收机就会变成广告的宣传平台。但也有人对吉田的计划持否定态度。反对者认为，广播事业应该采用 NHK 那样的收费制，否则经营一定会陷入困境。

正如吉田预料的那样，民营广播事业通过播放广告取得了极大的成功。在开始播放广告的 1951 年，广播广告的整体销售额只有 3 亿日元；而到了 1955 年，这个数字就迅速地攀升到了 98 亿日元，相当于日本广告事业全部销售额的 16.1%。在大洋彼岸的美国，20 世纪 20 年代就已经开始进行广播广告，20 世纪 30 年代无线广播更是迎来了黄金期。但直到第二次世界大战结束，戴维 · 萨尔诺夫的电视事业才终于开始爆发性地普及开来。

1946 年日本电视机的产量只有 5000 台，但随后 RCA 的年销售量逐年增加，1948 年为 94 万台，1949 年为 300 万台，在日本开始民营广播前一年的 1950 年达到 700 万台。

1942 年，ABC 从 NBC 中拆分出来，再加上 1927 年成立的 CBS，美国的广播市场基本被这 3 家大型公司所垄断。第二次世界大战之后，随着电视机数量的急速增加，电视大有取代广播之势。于是，这 3 家大型广播公司也纷纷进军电视市场，结果电视市场也被这 3 家公司所垄断。

这意味着，从广播到电视的转变，只需要更换接收设备，而商业模式本身并不需要进行太大的改变。换个角度来说，电视以广播为基础，广播决定了电视的发展方向。或者说，广播历尽千辛万苦摸索出来的成功经验都被电视所借鉴，使电视在成功的道路上少走了许多弯路。

事实上，电视这一全新的信息技术还拥有电视电话的可能性。但在当时，人们几乎没有考虑过这种可能。因为广播实在是太过成功，所以人们都期待着电视能够复制广播的成功。不管怎样，萨尔诺夫的预言都变成了现实。

正力松太郎与电视的邂逅

当电视在美国迅速普及的时候，日本也有人注意到了这种全新的信息技术。1926 年，高柳健次郎就已经利用阴极射线管显示出了片假名的“イ”。1936 年，柏林奥运会第一次进行了电视转播，因为下一届奥运会决定在东京举办，所以日本也加大了对电视的开发力度。但东京奥运会因为二战的爆发而被迫中止，日本的电视播放事业也陷入停滞。

和广播一样，日本的电视事业最初也由国家主导进行推进。因此，当二战后的广播事业恢复之后，日本政府和 NHK 也为电视事业的开展做好了万全的准备。然而，事情的发展却没有日本政府想象得那么顺利，因为在半路杀出了读卖新闻社的实际控制者正力松太郎。

正力原本是日本警视厅的高官，因为 1923 年的虎门事件（行刺裕仁天皇的事件）被迫引咎辞职。1924 年，正力在后藤新平的邀请下，出任当时处于经营危机的读卖新闻社的社长。

正力发现无线广播大受欢迎，于是特意用了一整张版面来介绍广播节目，《读卖新闻》的销量也因此激增。二战时期，日本军部打算将全国的报社全都统一起来进行管理，但正力却坚持认为舆论机构不能被政府所控制，所以反对军部的命令。

二战后，正力以甲级战犯的身份被关押在巢鸭拘留所，1947 年得到释放。1948 年年末，正力的老朋友鲇川义介找到因被开除公职而赋闲在家的正力，邀请他开展电视事业。鲇川是日产公司（日产汽车的前身）的创始人，二战后他和正力一样被判为甲级战犯、关押在巢鸭拘留所，也和正力几乎在同一时间出狱。

曾经在美国考察学习过的鲇川，在二战前就对电视事业非常关注。他将日本胜利留声机（现在的日本胜利公司）和日本留声机商会（现在的日本哥伦比亚）都收归日产公司旗下，并开始进行电视机的研究与开发。但二战爆发后，他在日本政府的要求下前往中国的东北地区，于是只能将这些不太紧急的事业暂且搁置。

鲇川对正力这样说道：“在如今的日本，想开展像电视这样的大事业绝非易事，除了你之外没有人能够做到。你如果出马的话就一定能够取得成功。”正力在鲇川的鼓励下决定进军电视事业，但当时不管是正力还是鲇川，全都是开除公职的身份，因此从现实的角度来说是完全无法开展电视事业的。

日本广播电视网络的构想

1951 年 9 月 1 日，正力被开除公职。3 天后的 9 月 4 日，日本的民营广播也正式开播。正力立即在日本工业俱乐部提出了构建日本广播电视网络的构想。这个构想是计划铺设一个覆盖日本全国的包括电视、FM 广播、传真、电报等所有通信手段在内的信息网络。关于电视事业，正力计划在东京设置中央电视台，利用微波向全国各地的中转站发送信号。

正力一上来就提出如此大规模的计划是有原因的，因为美国提出了“美国之音”的升级版计划——“美国影像”，而第二次世界大战的战败国德国与日本都是美国影像计划的候选地区。正力打算借助美国的力量，建立日本的电视播放网络。1951 年 10 月 2 日，正力通过日本电视台向电波监理委员会递交了许可申请。

正力的这一举动使 NHK 大吃一惊，因为 NHK 认为黑白电视即便出现也很快就会被彩色电视所取代，既然如此，等到彩色电视普及之后再开展电视事业才是最理想的。不过，如果身为国营企业的 NHK 被正力的民营企业在电视事业上抢了先，那绝对是很丢面子的事。于是，NHK 也急急忙忙地在 10 月 27 日提交了申请。

不仅如此，NHK 还在全国各地张贴“电视是公共事业！拒绝卖国电视！——日本放送劳动组合”的宣传标语，对正力进行批判。“卖国电视”指的是日本电视台使用了美国的技术。

当然，正力也不会束手就擒。在《关于日本电视台与 NHK 电视之间的比较》一文之中，正力对这两家企业进行了全面的分析。

正力在资料中指出，构筑全国的电视播放网络需要投入 20 亿日元的资金，而他公司的资本金有 10 亿日元，再加上朝日、每日、读卖这 3 家报社以及其他 30 多家企业和个人都保证会购买股票，所以在资金上没有问题；日本电视台播放网络采用的是美国的成熟技术，在开始播放的两年内就能完成全日本范围的网络铺设，所以广告收入在初期就有很强的保障。与之相比，NHK 没有明确的资金计划，技术也不够成熟，整个网络建设需要 5 年的时间，而且在这段时间内还会出现十几亿日元的亏损。

然而，很多人都对电视广告的收入心存疑虑。日本的民营广播电台在 1951 年 9 月 1 日开播时，日本国内收音机的数量已经超过 900 万台，所以广播广告的媒体价值十分值得期待。但是，当时电视机尚未得到普及，所以电视广告的前景十分不被看好。

不过，正力却有不同的看法。虽然当时电视机确实没有普及，但也没人说电视机只能摆在家里观看。

“本公司会在电视节目开始播放的同时，在东京、大阪以及其他大城市的繁华场所（新宿、涩谷、浅草、银座、心斋桥、大须等）设置大型的投影式电视机供大众观看，这将成为最新型的广告塔，必然会吸引到大量的观众。从美国的实际情况来看，电视广告的效果是广播广告的11倍，所以广告收入完全值得期待。”正力认为，决定广告媒体价值的不是接收机的普及数量，而是观众的数量，因此他在电视播放的初期依靠“街头电视”作为广告收入的主要来源。

名为街头电视的强力武器

要想将电视培养成有价值的广告媒体，离不开广告公司的协助。电报通讯社的吉田秀雄成功地帮助广播电台在广告事业上取得了成功，于是正力也邀请吉田来开展电视广告的事业。但是，吉田却对电视广告事业持怀疑态度，毕竟当时电视机的数量十分少。

1952年7月31日，日本电视台获得了全日本第一个电视播放许可，但这个许可是有附加条件的。首先，电波监理委员会要求日本电视台不能播放与政治和军事相关的内容；其次，播放范围仅限于东京地区。这也意味着正力想要构筑覆盖全国的电视网络的梦想宣告破灭。不过，现在日本电视台的正式名称没有改变，也算是保留了当初的理念吧。

当日本电视台取得播放许可之后，吉田的态度顿时发生了180度的转变，他立即在东京和大阪设置了电视部门，这也可以说是电报通讯社正式进军电视广告事业的信号。吉田的这一判断对电报通讯社来说具有非常重要的意义。如果电报通讯社只在广播广告领域发展，而没有及时进军电视广告领域，或许吉田也不会被称为电报通讯社的“中兴之祖”了吧。与美国一样，日本的电视事业也很快就赶超了广播事业。

NHK 在 1952 年 12 月也取得了电视播放的许可。耐人寻味的是，1953 年的 1 月，东京广播电视台也取得了播放许可。这个电视台是东京广播公司的下属电视台，由此可见吉田已经对进军电视事业没有任何的犹豫了。

开业之初，日本电视台所有的设备都是从美国 RCA 订购的。但因为设备需要改造，所以其迟迟没能拿到设备。相比之下，NHK 选择了国产设备，结果反而在 1953 年 2 月 1 日比日本电视台实现了更早的开播。NHK 的相关人员此时才终于放下心来。不过，开播当天 NHK 签订的收视合同只有 866 个。

日本电视台直到半年后的 1953 年 8 月 28 日才正式开播，第一个广告是精工舍赞助、电报通讯社制作的“正午报时”，据说当时因为插反了胶片导致广告播出时没有声音。顺带一提，日本电视台开播当天的 7 个赞助广告中有 4 个都是由电报通讯社负责制作的，在 3 个插入广告中有 2 个是电报通讯社制作的。吉田成功地在第一时间占据了电视广告的市场。

正力在东京及其周边的主要地区都设置了街头电视。最初在 55 个地区设有街头电视，到了 1955 年，街头电视的数量已经增加到 220 台。民众对街头电视追捧至极，在街头电视的前面经常会黑压压地挤满了人。尤其是对职业棒球和职业摔跤比赛的转播，更是会吸引到无数的人驻足围观。萨尔诺夫当年通过转播拳击比赛来吸引听众，正力采取的方法可以说和萨尔诺夫如出一辙（但据说想出街头电视这个创意的人并非正力，而是他的智囊团）。

街头电视使人们意识到“电视真有趣”，逐渐地也产生出自己购买的欲望。1957 年，日本电视的家庭普及率只有 7.8%，但到了 1958 年这个数字就变成了 10.4%，1959 年更是激增到 23.6%。当时，皇太子明仁与美智子之间的交往和结婚所引发的皇室热潮，使得渴望购买电视机的家庭数量急剧增加。在电视正式开播十几年后的 1965 年，日本电视的家庭普及率已经高达 90% 以上。这也意味着信息技术的大众化取得了巨大的进展。

代表 20 世纪的技术

黑白电视普及之后，很快就迎来了彩色电视的时代。萨尔诺夫率领的 RCA 因为黑白电视爆炸性的销量而顺利地获得了成长。但到了 20 世纪 50 年代末期，黑白电视的销量逐渐减少。在这段时间里，RCA 在彩色电视的开发上投入了 1.3 亿美元，并且在 1954 年开始销售彩色电视机。RCA 旗下的 NBC 也开始播放彩色电视节目。萨尔诺夫推出的彩色电视机是兼容式的，播放黑白电视节目也不成问题（其竞争对手 CBS 开发了非兼容式的彩色电视机，最终没能成功）。

不过，萨尔诺夫信心满满地推向市场的彩色电视，在上市之初却几乎卖不出去。直到 20 世纪 60 年代初期，彩色电视的销量才有所起色。1962 年销售了 44 万台，1963 年销售了 75 万台，1964 年销售了 146 万台，随后销量逐年递增，彩色电视的时代也终于来临了。

日本在 1960 年正式开始播放彩色电视节目。NHK、日本电视台、TBS、朝日电视台、读卖电视台等各大电视台同时开始提供彩色电视服务。推动彩色电视在日本迅速普及的最大功臣，当属 1964 年举办的东京奥运会。开幕式、闭幕式以及一些关注度比较高的赛事，都通过彩色电视进行了转播。

从视觉通信的时代开始，不管是电报、电话还是无线广播，社会上的重大事件都对信息技术的普及起到了巨大的推动作用，彩色电视当然也不例外。后来，随着商用有线电视和卫星电视的出现，电视的播放渠道变得更为多样化，再加上录像机的普及，使电视成为 20 世纪后半段最为贴近大众的信息技术之一。

那么，除了电视之外，还有什么贴近大众的信息技术呢？答案是电话。1985 年，日本颁布了《电气通信事业法》，电电公社民营化诞生出 NTT，日本也完全放开了对电话机和线路使用的限制。以前，家庭和事务所的电话机必须租用电电公社的设备；而放开限制后，任何人都可以自由地选择喜欢的电话设备来使用，街上的电器行里也出现了各式各样的电话机。

而就在 30 多年前人们还不能自由地选择电话机，听起来是不是感觉很令人惊讶？言归正传，固定式电话的发展趋势是可移动电话，而在从固定式电话到可移动电话过渡时期的形态则是 BP 机。这个设备只能发出铃声，用来提示携带者有人打来电话。BP 机最初常被企业用于召回在外面跑业务的营业人员。这项服务早在 1968 年就已经出现了。

BP 机的大众化是在能够传送数字的机种出现之后。朋友和恋人之间经常用数字暗号来进行交流，这种类似于视觉通信编码的交流方式在 20 世纪 90 年代十分流行。可以说在那个时候就已经出现了随时随地进行交流的需求。

移动电话最早的雏形是车载电话（1979 年），后来发展成为能够带出车外使用的背包电话（1985 年），紧接着日本又出现了将背包电话小型化的移动电话（1987 年）。但是，当时的移动电话价格非常昂贵，所以价格低廉的 BP 机仍然是人们的首选。随着移动电话价格的降低，移动电话也以惊人的速度得到普及。2001 年，移动电话的合约数量就已经超过固定电话的合约数量了。

20 世纪的信息技术

如果说电话和电视是能够代表 20 世纪的“信息技术”“媒体”或“文明的装置”，那么我们能够从中获取到什么信息呢？首先想到的，应该是几乎所有的信息技术都是在与之前技术相同的轨道上连续发展的。

1876 年，贝尔获得了电话的专利。1877 年，贝尔就成立了电话公司，从此以后电话逐渐发展成为社会生活的必需品。从技术的角度来看，电话从最早的呼叫式发展到转盘式再到按键式。此外，壁挂式的电话也变成桌上式，后来又发展成为移动电话。电话的交换业务也从人力交换变为机械化的自动交换，再到电子化的自动交换。这些技术的变化催生出新的制度，也改变了人们的生活方式。

如果从电话演化这个“框架”中来看信息技术发展的轨迹，

那么这段轨迹可以说是以 19 世纪诞生的电话技术为源头的连续发展，而没有出现熊彼特所说的从旧轨道到新轨道之间的转变。借用经济学家克莱顿·克里斯坦森的话来说，电话的发展属于可持续创新（为了生存下去而进行的创新，即持续性创新），并没有出现颠覆性的创新（打破秩序的创新，即破坏性创新）。

再来看看电视的发展情况。电视播放的技术，实际上可以看作是处于无线广播技术的延长线上。

1906 年的圣诞前夜，雷金纳德·费森登通过无线电发送语音和音乐，让过往船只上的通信员们大吃一惊，这可以看作是无线电话的源头。虽然最初人们利用这项技术打算实现的是无线电话，但很快人们就将其应用在无线广播上。技术虽然没变，但用途却改变了。

20 世纪 20 年代，商用广播诞生，但当时根本没有让人们想到广播广告这个概念。到了 1927 年，广播广告成为广播事业的主要收益来源。广播广告与广播网络结合在一起，使无线广播成为想要大量销售商品必不可少的设备。同时，无线接收机也从机械裸露在外的铁块向家具的方向转变，逐渐出现了留声机与收音机的组合；收音机的体积也越来越小，甚至出现了车载收音机。在无线电话被发明出来之后，利用无线电进行广播的可能性也成为现实，无线广播就在这条相同的轨道上继续前进。

继无线广播之后出现的电视，乍看起来似乎与无线广播处于不同的轨道之上。戴维·萨尔诺夫就认为电视将很快取代广播成为主流媒体，并且催促广播事业的从业者们尽快变更轨道。只能发送声音的无线广播与能够同时发送声音和影像的电视在技术上存在很大的区别，因此接收机也完全不同。从这个意义上来说，两者确实可以看作是处于不同轨道上的两种信息技术。

但是，如果将广播和电视都放在“播放”的框架之中，结果又会如何呢？以无线电话为出发点的无线广播，最初是为了填补有线电话和无线电报的空白，后来在逐渐实用化的过程中才走上了无线广播的道路。也就是说，无线广播的这种形式并不是从一开始就计划好的，而是经过人们不断尝试，才逐渐形成由定期的广播节目、广播广告以及广播网络等组成的广播事业。

相比之下，电视从一开始就是以播放事业这种商业模式被创造出来的，完全没有经历广播那种一波三折的发展路程。电视直接继承了广播高度成熟的商业模式，从一开始就构筑起覆盖全国的播放网络，也是从一开始就进行了广告播放。这一切都是从广播身上学来的。

当然，电视与广播在技术上存在着很大的差异，但把二者共同放在“播放”的框架之中考虑的话，广播与电视属于在同一条轨道上的连续发展。从整体的角度上来看，从广播到电视的发展也属于可持续创新，并没有出现破坏性创新。

模拟信号信息技术的时代

正如广播和电视可以被归类于同一个框架之中一样，同为能够代表20世纪的信息技术的电话和电视也可以被归类于同一个框架之中，这个框架就是“模拟信号信息技术”。在使用模拟信号这一点上，电话与电视是相同的。

正如前文中提到过的那样，与不连续地显示信息的数字信号不同，模拟信号的信息是连续的。声音通过空气的振动传到人类的耳朵里，这个振动被称为波形。模拟信号的电话就是通过电子波形来复制声音的波形。也可以说，电话就是将连续的声音波形替换为电子波形的装置。电子波形（电子信号）通过电话线传到对方的电话机上，然后这个电子波形通过振动接收方电话机的振动板来发出声音。这就是电话的基本工作原理。

模拟信号的无线电话通过电波来传达声音波形。在发送信息时，发送机将声音波形转变为电波发送出去，但像声音信号这样低频率的信号在空气中很难传播，因此需要将其混合在高频率的传送波上发送出去（称为调制）。在这个时候，电波仍然是复制声音波形的连续波形。接收机在接收到这个电波之后，会将其转变为原来的声音波形（称为解调）。模拟信号的广播原理与此基本相同，通过将声音混合在预先设定好频率的电波上，就可以通过与这个频率相同的接收机听取声音。

接下来再看一看模拟信号的电视。早期的电视，我们如果凑近屏幕去看的话，能够看到上面有许多密密麻麻的小点，这种小点被称为像素。发送方将像素的组合（颜色、明暗）转变为连续的电子信号发送出去，接收方则将接收到的电子信号转变为像素显示出来。一幅画面被分为525根扫描线，奇数扫描线和偶数扫描线各进行一次发送和接收，这种方式被称为“隔行扫描”。

这种模拟信号信息技术完成于20世纪。从这个意义上来说，20世纪也可以被称为是模拟信号信息技术的时代。值得一提的是，在19世纪风靡一时的视觉通信、电报，都属于数字信号信息技术。也就是说，19 世纪是数字信号信息技术的时代，20 世纪则是模拟信号信息技术的时代。时代也从数字信号向模拟信号变迁。但正如道教的太极图表示的那样，世间万物阳极则生阴，阴极则生阳，信息技术也是如此。

20 世纪 80 年代中期是模拟信号信息技术最鼎盛的时期。当时，日本的电器生产企业因为充分发挥出自身在模拟信号技术上的优势，实现了飞速的发展。但是，在模拟信号信息技术迎来巅峰的同时，数字信号信息技术也有了新的萌芽。

NTT 于 1984 年开始进行 ISDN 的实验，1988 年开始提供 INS 网络服务。ISDN 是“Integrated Services Digital Network”（综合业务数字网）的缩写，指的是将声音、传真、数据等信息全部数字化，使其集中在同一个网络之中的通信网络。INS 网络则是 ISDN 在日本的服务名称。由此可见，在模拟信号信息技术达到顶峰的同一时期，数字信号的通信网络就已经悄无声息地建成了。

IT 发展 250 年中的 3 次浪潮

数字信号信息技术出现显著进展是在进入 20 世纪 90 年代之后，在这期间也发生了一个非常具有代表性的事件，那就是高清电视的出现。

高清电视是指比传统的彩色电视机图像解析度更高的电视机，在国际上被称为 HDTV（High Definition Television）。

NHK 早在 20 世纪 60 年代中期就开始了高清电视的研究与开发，并且在 1984 年公布了日本独有的高清制式——MUSE 制式。传统彩色电视的扫描线只有 525 根，而 MUSE 制式的高清电视扫描线则多达 1125 根，画面的纵横比也从原来的 4 ∶ 3 变为 16 ∶ 9。这种高清电视能够以极高的解析度显示模拟信号，也就是说，日本独特的 MUSE 制式是模拟信号方式的 HDTV。

进入 20 世纪 90 年代之后，美国提出了数字信号方式的 HDTV 构想；而 NHK 仍然沿用模拟信号方式，并播放模拟信号高清电视节目。但数字信号的大潮已来，日本于是也在 2000 年开始播放数字信号节目，MUSE 制式的模拟信号高清节目也在 2007 年彻底停播。21 世纪是数字化信息技术的时代，模拟信号高清电视的没落，充分体现出信息技术在发展的轨道上发生了重大的转变。

如今回顾信息技术的历史，可以发现曾经出现过 3 次浪潮。第一次是 19 世纪数字信号信息技术的出现，成为近代信息技术发展的开端；第二次是 20 世纪模拟信号信息技术的发展，日本企业在这一时期大放异彩；第三次就是进入 21 世纪之后，数字信号信息技术再次席卷整个世界。

不过，21 世纪的数字化信息技术和 19 世纪的数字化信息技术之间存在着巨大的差异。全新的数字化信息技术将所有信息都通过“binary digit”（二进制数字）——简称“bit”（比特）来表示。比特代表 0 和 1，所有的信息都可以还原为 0 和 1。正如原子是物质的最小单位一样，比特也是信息的最小单位。通过比特来表示所有的信息，就是 21 世纪数字化信息技术的最大特点。也就是说，现在正在出现的第三次浪潮，虽然和第一次浪潮一样都属于数字信号信息技术，但却与视觉通信和电报具有完全不同的特征。

信息技术经过接近200年的发展，终于来到了第三次浪潮的数字化信息技术，或者更准确地称之为“比特信息技术”。说起比特信息技术，就不能不提计算机。要想了解计算机诞生的经过，我们还需要再次回顾一下它的历史。

第六章

计算机的诞生

计算设备的发展

虚拟信号信息技术时代的交流方式以一对一的电话和一对多的电视为主。人们通过电视这种大众媒体单方面地获取信息，同时通过电话进行私人交流。与视觉通信的时代相比，信息技术的大众化程度得到了极大提高。

随着信息技术大众化程度的不断提高，人们开始不只满足于一对一的电话交流和被动地接收广播电视的信息，而是希望能够获得一对多的交流手段。这也意味着信息技术大众化在进一步发展。

个人一对多发送信息的可能性已经通过无线电技术成为现实，但在无线电技术发展成为无线广播的过程中，绝大多数的人都放弃成为信息的发送者（电台），而选择成为信息的接收者（听众）。第二次世界大战之后，一种拥有未知可能性的信息技术以飞快的速度发展起来，这种信息技术就是电子计算机（computer）。

在 19 世纪之前，“computer”这个单词指的是“进行计算的人”。仅凭人力进行计算效率非常低，于是人们开发出了许多专门用于计算的工具。比如东方普遍使用算盘，而西方有许多人都自己开发了用于计算的设备，其中包括数学家布莱士 · 帕斯卡和数学家戈特弗里德 · 莱布尼茨等名人。

拉开机械式计算机时代帷幕的，是19世纪的英国人查尔斯·巴贝奇设计的差分机（difference engine）与分析机（analytical engine）。因为当时在航海和测量领域都需要用到对数表，所以人们对计算设备有非常强烈的需求。巴贝奇为了创造出准确的对数表，打算先制造一台差分机。这是一台由2.5万个零件组成的庞大设备，建成后将能计算到小数点后7位。1823年，对巴贝奇的构想很感兴趣的英国政府，决定拿出资金帮助他尽快完成开发。遗憾的是，直到1832年，这台差分机也没能完工。

后来，巴贝奇又设计了一个用来进行计算的分析机。分析机用打孔卡来输入信息，输入进去的信息被保存在记忆区，当打孔卡下达命令之后，作业区就对信息进行处理，处理结果又会被返回到记忆区，然后通过印刷等方式输出信息。巴贝奇将记忆区称为“库房”，将作业区称为“磨坊”。

巴贝奇的分析机可以说是现代计算机的原型。因为计算机也是由进行运算处理的CPU（中央处理器）、鼠标和键盘等输入设备，硬盘等存储设备，显示器等显示设备组成的。与分析机一一对应的话，CPU就相当于磨坊、鼠标和键盘相当于打孔卡、硬盘相当于库房、显示器相当于使用印刷等方式输出信息的窗口。

顺带一提，打孔卡的创意来自杰卡德自动织布机，而为打孔卡编写程序的是著名诗人拜伦的女儿阿达·洛芙莱斯伯爵夫人。但分析机同样也没能完工，英国政府于1842年停止了对巴贝奇的资金援助。

虽然后来又出现了舒尔茨父子制造的差分机和威廉·巴勒斯制造的加法机等机械式计算机，但最著名的还是要数赫尔曼·何乐礼开发的电子化制表机。这台设备利用打孔卡来控制电路的开关，通过电力对数据进行处理。将打孔卡的穿孔机、统计机以及分类机结合到一起是何乐礼开发的制表机的最大特征。

何乐礼的制表机得到了社会的高度肯定，1890 年被美国用于国税调查。何乐礼也在华盛顿成立了公司，主要向政府、保险公司以及铁路公司出售制表机。这家公司后来成为计算制表记录公司（Computing Tabulating Recording Company，CTR），并迎来了曾经在国家收银机公司（National Cash Register Company，NCR）担任高管的托马斯·沃森出任总裁。1924 年，CTR 将公司名称变更为 International Business Machines，也就是我们现在非常熟悉的 IBM。

电子化数字计算机的诞生

随着第二次世界大战的临近，人们对高性能计算机的需求也与日俱增。比如要想制造远程火炮，就要事先计算炮弹的弹道。因此，当时出现了许多新型的计算机。这些计算机的共同特点就是，它们都属于电子（也包括一部分电动）计算机。

比如康拉德·楚泽制造的 Z1，约翰·阿塔纳索夫和克利福特·贝瑞联手开发的 ABC，艾伦·图灵参与开发的密码破译机巨像，霍华德·艾肯等人制造的 ASCC 马克一号，约翰·莫奇利和普雷斯伯·埃克特再加上后续参与进来的约翰·冯·诺依曼共同开发的 ENIAC（埃尼阿克），等等。

现在普遍认为ENIAC首次实现了通用电子计算机的实用化。

ENIAC 最初是美国陆军为了计算炮弹弹道而开发的计算机，但其实直到第二次世界大战结束之后的 1946 年 2 月才最终完成。

ENIAC 重达 30 吨，需要大约 167 平方米的空间放置，内部搭载有 1.7468 万个真空管，完全是一个庞然大物。ENIAC 在运转时会消耗大量的电力，据说当打开 ENIAC 开关的时候，整个费城的电灯都会随之变暗。一名熟练的计算员使用机电式计算器计算 60 秒内的弹道轨迹需要花费 20 个小时的时间，而 ENIAC 只需要 30 秒就能完成计算。

不过，ENIAC 并不是世界上第一台电子化数字计算机。1967 年，拥有 ENIAC 专利的斯佩里 · 兰德公司要求霍尼韦尔公司支付专利使用费，但霍尼韦尔公司却拒绝了对方的要求，于是斯佩里 · 兰德公司将霍尼韦尔公司告上了法庭。1973 年，法院判决霍尼韦尔公司胜诉，因为斯佩里 · 兰德公司持有的电子化数字计算机的专利无效，理由是莫奇利与埃克特的 ENIAC 是以阿塔纳索夫的专利为基础进行开发的。

综上所述，世界上第一台电子化数字计算机就应该是阿塔纳索夫等开发的 ABC。但现在也有人认为，根据电子化计算机的定义，比如是否属于存储程序计算机，以及存储方式是可变式还是固定式等，ABC 是否属于世界第一台电子化计算机还不能下定论。

不管谁是世界第一，值得我们注意的是，在从 1936 年到 1946 年的这 10 年间，世界上接连不断出现了许多新型的电子计算机。这和电报机、电话机、无线电报机以及无线电话诞生时的情况十分相似。由此可见，这是一种时代的必然。也就是说，在这个时间点上人类的技术水平决定了电子计算机的水平，再加上人类的智慧，结果就是诞生出各种类型的电子计算机。

诞生初期需要巨大空间放置的庞然大物，而现在已经成为家庭和办公桌上的常客。这在当时恐怕很少会有人能想到这一点吧？但实际上确实有人想到了，这个人就是范内瓦 · 布什。

范内瓦 · 布什的 MEMEX

范内瓦 · 布什出生于 1890 年，他曾经在美国塔夫茨大学和麻省理工学院担任过助理教授和教授，并且于 1932 年成为麻省理工学院的副校长兼电子信息学院院长。1940 年，布什成为美国国防研究委员会的委员长，担任罗斯福总统的科学技术顾问。1941 年，美国国防研究委员会被升格为美国科学研究局，布什出任总负责人。

美国科学研究局早在委员会时期就委托各大研究机构进行科学研究，因此曾与超过 6000 名科学家保持着合作关系，推动了美国的雷达、导弹等武器技术的发展。大名鼎鼎的“曼哈顿计划”就是由美国科学研究局主导的，布什是除了罗斯福总统之外的最高负责人。

身为电子信息工程师的布什，在 1930 年开发出了一台名为“微分分析机”的计算机。这台计算机能够计算所有的方程式，因此又被称为“机械大脑”和“能思考的机械”。微分分析机最大的特点是以曲线的形式输出计算结果，属于模拟信号式电子计算机。布什通过微分分析机的开发，对计算机有了更深层次的理解和认识，他甚至设想到了计算机的未来发展情景。但直到 1945

年夏天，他才将自己的这个想法公之于众。

在二战即将结束之时，身为美国科学研究局总负责人的布什，开始思考科学家们在战后应该解决哪些课题。因为今后不能全都围绕着军事用途来选择研究主题，于是布什提出要开发一种增强人类智慧的装置，他将这个装置命名为“MEMEX”。

1945 年，布什在 7 月号的《大西洋月刊》杂志上发表了一篇名为《诚如所思》（*As We May Think*）的论文，介绍研究 MEMEX 的必要性。这篇论文被《生命》杂志的编辑看中，这位编辑为了能够让更多的读者看到这篇论文，于是在得到《大西洋月刊》的允许之后，又在 1945 年 9 月 10 日出版的《生命》上再次刊登了这篇文章。

布什在论文中将 MEMEX 定义为“一种机械化的私人文件和图书馆系统”，其中还表示“个人可以将自己的书、记忆、信件等存储其中，并且能够进行高效的检索”，在论文中还配有 MEMEX 的概念设计图。

MEMEX 的外形类似一张办公桌，桌面上有两个倾斜的屏幕。使用者可以快速检索存储其中的信息，检索结果会显示在左侧的屏幕上。右侧的屏幕可以通过手写笔来输入信息，输入的信息都被存储在改良型的缩微胶卷中，当然这些信息也可以被随时检索和显示出来。桌面的左侧还有一个用来保存纸质资料的装置。只需要将想要保存的资料放在透明玻璃上，然后拉下拉杆，这些资料就会被保存下来。存储用的媒介同样是缩微胶卷。此外，以缩微胶卷的方式存储的书籍、照片、最新的杂志等数据可以立即被 MEMEX 读取。布什预言说，将来应该会有许多用缩微胶卷记录的数据在市面上销售，购买也会非常容易。

MEMEX 还具有“联想索引”的功能，通过这个功能可以将任意两个项目连接起来。比如在左右屏幕上各显示不同的资料，只要按一个按钮就可以将两者永远地联系起来。之后在显示其中一份资料时，只要按下对应栏目下方的按钮，就可以立即调出与之相关的另一份资料。在关联了多个项目的情况下，可以使用拉杆来依次显示关联的资料。

布什认为：“这就像是从众多零散的信息源中将目标事项物理地集中起来，创作出一本全新的书籍。”此外，布什还预言未来的 MEMEX 能够实现远程操作。顺带一提，MEMEX 是“memory”和“extender”这两个单词词首的组合，意为“记忆的延伸”。

个人电脑的预言

布什在论文《诚如所思》中就已经提到对二战后计算机的设想，这篇论文发表于 1945 年 7 月，也就是说，至少在二战结束的一个月之前，布什就已经知道这场战争即将结束。

《生命》杂志于 1945 年 9 月 10 日再次以头版刊登了这篇论文，标题改为《合众国占领日本》。在这篇文章中配有美军在插着美国国旗的厚木航空基地迎接麦克阿瑟的照片，以及化为废墟的东京和只剩下天守阁的大阪城等照片。在这本杂志上刊登预见到二战结束的布什的论文可以说是非常贴切。

说几句题外话，在《生命》杂志的其他页面上刊登有许多全彩的广告，包括通用电气的电热毯、西屋电气的大型冰箱、德士古的汽油、ROBLEE 的男靴、金宝汤的蔬菜汤、费尔斯通的沙发、雪佛兰的卡车、比特丽的高跟鞋、JOHN B.S TETSON 的绅士帽、普拉茨的啤酒……简直数不胜数。如果只看这些广告，你根本无法想象美国在不久之前刚刚经历一场规模庞大的战争。这也让日本人再次深刻地意识到，日本在如此强大的国家面前根本毫无胜算。

回到正题，布什设想的 MEMEX 用我们现在的话来说其实就是个人电脑。虽然它当时使用的存储设备是我们现在已经基本不会用到的缩微胶卷，但它在信息的输入和输出等方面和我们现在采用的方法基本一致，比如手写资料和照片的输入就是现代扫描仪的工作原理。不过，这台设备只能增强人类的记忆力，所以不能被称为 AI（人工智能，Artificial Intelligence），而称为 IA（智能增强设备，Intelligence Amplifier）更加贴切。

除此之外，布什提出的“联想索引”（associative indexing）也非常值得关注，因为这就是现在万维网（World Wide Web，WWW）最基本的功能——超链接。布什预言，通过联想索引这一功能，未来将会出现前所未有的百科词典。现在，维基百科将布什的预言变成了现实。不仅如此，布什还预言 MEMEX 将来能够实现远程操作。我们现在也确实可以在任何地方通过网络使用维基百科。

然而，在布什提出 MEMEX 设想的那个年代，甚至连 ENIAC 都还没有正式运作。即便 ENIAC 成功实现运作之后，也因为其体积过于庞大，所以完全无法放在普通的办公室里。受限于当时的技术水平，布什的 MEMEX 也只能停留在设想的阶段。不过，随着技术的不断发展，布什当初的预言都已逐渐成为现实。

克劳德·香农的信息论

在范内瓦·布什提出 MEMEX 的设想时，ENIAC 也在紧锣密鼓的开发过程中，计算机理论方面也出现了值得关注的动向，这就是在第一章中提到的克劳德·香农的信息论。

克劳德·香农于 1916 年出生在美国密歇根州一个名叫盖洛德的小镇。他从小就对电报很感兴趣，曾经利用牧场周围的铁丝网代替电线和半英里（约 800 米）之外的朋友通过莫尔斯电码传送信息。后来，他还在西联公司做过一段时间的信童。他的少年时代的经历可以说和爱迪生十分相似。

进入大学之后，香农学习了电子工程学和数学，1936 年成为麻省理工学院的研究生。当时在麻省理工学院担任副校长兼电子信息学院院长的范内瓦·布什已经开发出了微分分析机，正在寻找操作这台设备的助手，最终他选中了香农。也就是说，布什和香农之间是师生关系。第二次世界大战时期，香农被任命为美国国防研究委员会的顾问，考虑到他的老师布什在当时的职位，这也是理所当然的。

香农在某硕士论文中提出了一个非常值得关注的理论，那就是利用 19 世纪英国数学家乔治·布尔的逻辑代数来设计电路。随后，香农不断对自己的理论进行整理，并于 1948 年提出了“信息论”。

在当时的物理学的认知里，万物都是由可测的物质和能量控制的。但在物理学中也存在无法测量的东西，比如印刷在纸上的数字“5”。如果要对这个印刷在纸上的数字进行测量，可能需要计算墨水的含量和面积以及在整张纸上所占的比例等。但实际上当我们看到数字“5”的时候，立刻就能够理解其所代表的含义，这就是数字“5”含有的信息。因此香农认为，信息是物理学无法测量的东西。

紧接着，香农开始思考能够将信息最有效率地表示出来的方法。最终，他决定采用乔治·布尔在《思维规律的研究》中提出的布尔代数。布尔代数将逻辑和推理替换为数学，通过 1 和 0 进行逻辑运算。最基本的逻辑运算只需要 AND（与）、OR（或）、NOT（非）这 3 种运算方式就能够表现所有的逻辑。

香农打算将布尔代数运用到电子世界中。现在看来这似乎是理所当然的结果，但在当时却是和“哥伦布竖鸡蛋”一样的创意。

“1”和“0”在电子电路中就相当于“开”和“关”。假设有两个开关串联在一起，只有当两个开关都是“开”的时候，电流才会通过，这就相当于逻辑运算中的“AND”。假设有两个开关并联在一起，那么任何一个开关为“开”的时候都会有电流通过，这相当于逻辑运算中的“OR”。

此外，将电路设计成开关“开”的时候电路断开，开关“关”的时候电路接通的话，就能够表现“NOT”。将以上运算组合到一起，还可以表现“IF-THEN”（如果 - 那么）。

运算使用 1 和 0 的二进制数字，结果也用二进制数字表示。二进制数字的全称是“binary digit”，简称为“bit”（比特）。

这个说法最早是由美国的统计学家约翰·图基提出的。香农借用了这个名词，认为比特的两个选项（1 和 0）正是信息的基本单位。这样一来，只需要计算可选择的选项的对数，就能够对信息的量进行测量。

用比特表示所有的信息

如果信息的基本单位是 1 和 0，那么只要明确了规则，所有的信息就都可以用比特来表示。比如，莫尔斯电码中用“· –”（点、空格、划）来表示字母 A，同理也可以用二进制数字的 1 和 0 来表示字母 A。假设“1000001”代表 A，其他的字母都可以用不重复的 1 和 0 的组合来表示。这样的话，就可以用比特来表示文章。这种方法也可以应用在日语和汉语上。

比特不仅能够表示文字，还能够表示声音和图像。声音是有波形的，用电子的波形对其进行模拟就是模拟电子信号。假设在一个以振幅为纵轴、以时间为横轴的图表上画出模拟信号的波形，要想用比特来表示这个波形，首先需要按照一定的时间间隔确定波形的位置，这项作业被称为取样（sampling）。如果想准确地重现波形，就要尽可能缩短取样的间隔。在这里我们假设对每秒的波形进行 8000 次取样。

接下来，就要确定每个取样点中波形的位置。这项作业只需要测量纵轴振幅的高度即可，这被称为量子化。纵轴上的刻度越多，高度测量得越准。在这里我们假设有 0 到 255 个刻度，将波形控制在这个范围之内。假设某样本的高度（量）为 220，那么将其转变为二进制就是“11011100”。最大的 255 则是“11111111”。在这种情况下，因为比特有 8 个所以被称为 8 比特。换句话说，8 比特就意味着能够表示 256 种数值（0 ～ 255）。

再接下来是确定 1 秒内波形的 8000 个取样点的量，然后将数值描画在图表上。在整个波形上都完成这项作业之后，我们就能够得到一张由许多个点组成的曲线图，这个曲线图能够比较准确地重现波形原来的形状。

值得注意的是，这个曲线图不是连续的，而是由许多个单独的点组成的。与连续的模拟信号信息相比，数字信号信息最大的特点就是不连续、离散。也就是说，由许多个点组成的这个波形不属于模拟信号信息，而是数字信号信息。更准确地说，这种数字信号信息与视觉通信和电报表示的数字信号信息也不相同，应该被称为比特信息。

我们可以简单计算一下 1 秒内声音波形的信息量。因为每个取样点有 8 比特，1 秒内就有 8000 个取样点，加起来就是 6.4 万比特，那么信息量就是 64 千比特每秒。前文中提到的这个将声音波形数字化的方法也被应用于 ISDN 之中。ISDN 在日本提供的服务曾经被称为 INS64。“64”这个数字就来自于 1 秒内传送 64 千比特的信息量。

另外，大家也要注意“比特”（bit）和“字节”（byte）之间的区别。1 个字节是对应 8 比特信息量的单位，即“1 字节 =8 比特”。一般来说，文件的容量都用字节来表示。比如 1MB 的文件拥有 100 万字节，将其换算成比特的话需要乘以 8，也就是 800 万比特。用 64 千比特的 INS64 发送这个文件需要 125 秒的时间。所以对于 INS64 来说，1MB 的文件就算是“大文件”了。

之所以在 1 秒内进行 8000 次取样，是因为香农认为，按照所传送信息的最高频率的 2 倍以上的间隔来进行取样，能够最准确地还原信息。

模拟信号电话的最高频率是 3.4 千赫，可以向上取整为 4 千赫。那么其 2 倍就是 8 千赫，也就是每秒 8000 次，而量化的基准则是由经验决定的。笔者猜测，可能香农认为用 7 比特的 128 种数值来表示难以准确还原信息，而用 9 比特的 512 种数值来表示会使信息量变得太大，所以他就选择了折中的 8 比特吧。

勒内·笛卡儿与数字信息技术

文字和声音信息都能够通过比特来表示，同样图片和影像也可以。

比如图片，可以按照一定的纵横比例划分为许多个小方格，确定每一格的颜色和亮度，并将数值用二进制来表示。这样一来，每一格都会拥有一个和其他格不同的独立的特定值。这种不连续的数值就是数字信息；而且，因为是用二进制来表示的，所以也是比特信息。小方格的数量越多，图片的还原度就越高。

将这样的图片高速地连续显示出来就是影像。比如，在 1 秒内连续显示 30 张通过比特信息表示的图片，随着时间的推移，显示的内容就会逐渐发生变化，我们的眼睛看到的图片就会变成动态的。当然，1 秒内显示的图片数量越多，影像呈现的品质就越高。

像这样通过数字信息技术（比特信息技术）对声音、图像以及影像等模拟信息进行复制，无法完全地重现原信息。这是因为数字信息是不连续的，中间的断点会造成信息的缺失。但是，取样和量子化的尺度越精细，数字信息的还原度就越高。从理论上来说，如果能够将尺度精细到极限的话，就能够还原出无限接近原信息的数字信息。

近代的西方哲学始于提出“我思故我在”的勒内·笛卡儿，这句话出自笛卡儿的著作《谈谈方法》。在这部著作中，笛卡儿提出了正确思考的4个规则。第一个是如果无法证明正确，就不能认为其是正确的，也就是著名的“怀疑一切”理论；第二个是在研究复杂的问题时应尽量分解为多个比较简单的小问题分别解决；第三个是将小问题从简单到复杂排列，先从容易解决的问题着手；最后一个是当小问题全部解决后再综合起来进行检验，看是否将问题彻底解决了。

笛卡儿的方法论也被信息的数字化所继承。尤其值得我们关注的就是其中第二个和第三个规则。第二个将目标对象“尽量分解为多个比较简单的小问题分别解决”的方法，和将模拟信息转变为数字信息的过程几乎是完全一致的。而且，细分化的程度越高，越能够准确地重现模拟信息。第三个规则与数字信息技术将细分化的部分逐一测量，全部测量完毕后整合起来进行重现的过程也是一样的。

自从笛卡儿提出方法论之后，西方文明就更善于从细微的要素着手，一点点地拼凑出整体情况。数字化的方法也可以说是西方文明最擅长的一种方式。相对来说，包括日本在内的东方文明则更倾向于先从整体入手。这大概可以说是模拟化的思考方法。在模拟信息技术时代日本企业之所以更具优势，或许也是由于这个原因。到了现在这个数字信息技术的时代，在数字信息技术中竟然还隐含着笛卡儿在 17 世纪提出的思想，实在是让人感觉非常奇妙。

作为商用设备的计算机

最初的电子计算机有以二进制为基准的，也有以十进制为基准的，还有同时支持二进制和十进制的，可以说是多种多样。比如，楚泽的 Z1 和阿塔纳索夫等的 ABC 就是二进制的，而艾肯等的 ASCC 马克一号则是十进制的，ENIAC 似乎是同时支持二进制和十进制的。与现在的计算机一样属于存储程序型而且运行时能够对程序进行修改的曼彻斯特马克一号和 EDSAC，从一开始就采用了二进制，这也成为后来计算机业界的标准。

20 世纪 70 年代之前，美国的计算机市场一直被托马斯·沃森率领的 IBM 所统治。但一开始，沃森认为“全世界对计算机的需求大约只有 5 部”，所以对开发计算机并不怎么感兴趣。直到第二次世界大战爆发，IBM 才参与到计算机领域中来，ASCC 马克一号就是 IBM 出资开发的项目。但这台计算机是电动计算机，导致IBM在二战后电子计算机的浪潮中慢人一步。直到1950年，IBM 才开始销售真正的电子计算机。

IBM 凭借自身充足的资金实力和强大的销售网络，迅速提高了其在商用计算机市场的份额。与此同时，计算机的性能也在不断地提升。1964 年 IBM 推出了闻名世界的 IBM360 系统电子计算机，这是一款涵盖研究开发、企业管理、顾客数据库构筑等 360 度全功能的计算机。IBM 将这种什么都能做的计算机称为大型机（Main Frame）。

由于 IBM360 系统电子计算机大获成功，进入 20 世纪 70 年代之后，IBM 在商用计算机市场的占有率达到 70%。在斯坦利 · 库布里克导演的电影《2001 太空漫游》中出现的巨大计算机“HAL9000”就是向 IBM 致敬，HAL 这个名称只是将 IBM 的每个字母都向前挪了一位。电影中“发现者号”宇宙飞船上搭载的 HAL，象征着当时 IBM 在计算机领域的领先地位。

为了与 IBM 相抗衡，其他竞争对手纷纷开发出与 IBM360 系统电子计算机具有不同功能和特征的计算机。美国数字设备公司（DEC）开发的 PDP 系列就是其中之一。PDP 新开拓出一个被称为迷你计算机市场的领域，其价格也比 IBM360 系统电子计算机更便宜，所以被很多大学和研究所采用。

因为所有的信息都可以通过二进制转换成比特来表示，以比特为基础的计算机可以处理文字、图片、声音、影像等各种信息。当能够表现所有信息的二进制（软件）和能够处理二进制的计算机（硬件）结合到一起，计算机就成为任何人都能够自由操纵的智能增强设备 IA（注意其并不是 AI）。迷你计算机的出现使 IA 的大众化又向前迈了一步，但距离 IA 真正的大众化还有很长的路要走。

将布什的理念变为现实

IA 的实用化大体上可分为两条路径，一条是起源于大学和研究所的路径，另一条则是起源于电子爱好者的路径，但最终这两条路径合二为一。

第一条路径的里程碑是道格拉斯·恩格尔巴特开发的 NLS（oN-Line System）。恩格尔巴特在第二次世界大战时期担任美国海军的雷达技术人员。二战后，在菲律宾的莱特岛等待回国的恩格尔巴特，偶然间在红十字会图书馆（一个用竹子搭建的小屋）看到了《生命》杂志 1945 年 9 月 10 日号，他被布什的介绍 MEMEX 的论文深深震撼了。

回到美国之后，恩格尔巴特进入美国国家航空咨询委员会（National Advisory Committee for Aeronautics，NASA 的前身）工作，后来为了将布什提出的 MEMEX 变为现实而进入加利福尼亚大学伯克利分校就读。攻读博士学位期间，恩格尔巴特一直在想办法开发能够让人类与计算机之间像对话一样进行交互的软件。博士毕业之后，恩格尔巴特进入斯坦福研究所，参与 NLS 的开发。

NLS 可以在位图显示屏上显示图形用户界面，通过鼠标和键盘来进行操作。现在我们使用的鼠标就是由恩格尔巴特发明的，他在 1967 年取得了鼠标的专利。

1965 年，恩格尔巴特通过 NLS 实现了布什提出的联想索引功能。他将这种功能命名为“超文本”（hypertext），使用者只需要使用鼠标点击相应的超链接，就可以跳转到链接的信息内容。在 NLS 的画面上还可以通过多个不同的窗口来显示不同的信息，说明其具有多窗口功能。由此可见，NLS 已经和现在的个人电脑十分接近了。

1968 年 12 月，恩格尔巴特在旧金山布鲁克斯大厅的讲台上向世人展示了他与斯坦福研究所的同僚用 10 年时间取得的研究成果——NLS。这次演示的规模在当时来说十分庞大。投影仪将影像投影在 240 寸的巨大屏幕上，屏幕被分为两部分，一部分显示 NLS 的画面，另一部分显示恩格尔巴特的操作过程。同时，演示现场还通过租来的线路与斯坦福研究学院的电脑相连。

超过 3000 名观众到场观看此次展示。对现在的人来说 NLS 看起来相当熟悉，但对于当时习惯打孔卡和打印输出的观众来说，这完全是一场前所未有的冲击。布什的理念距离成为现实又近了一步。

Dynabook 和 Alto

在恩格尔巴特演示会的现场观众中，有一个名叫艾伦 · 凯的年轻人。艾伦 · 凯 10 岁时就在“儿童问答”的广播节目中取得优胜，据说从小学时代起每年就会阅读 400 本书，是名副其实的神童。

艾伦 · 凯在阅读科幻作家罗伯特 · 海因莱因的小说《深渊》时，被注释中提到的范内瓦 · 布什的 MEMEX 所吸引，于是他又从图书馆借来《大西洋月刊》，仔细阅读了布什的论文《诚如所思》。

从犹他大学计算机科学专业毕业的艾伦 · 凯，顺利地进入施乐的 PARC 实验室就职。在这里，艾伦·凯大胆构想了一个比布什的 MEMEX 和恩格尔巴特的 NLS 更加先进的计算机——Dynabook。

Dynabook 是一个笔记本大小的个人用终端，其名字来源于“dynamic”和“book”的组合。艾伦·凯这样形容 Dynabook：“它的形状和大小都跟笔记本差不多，可以随身携带，是一款独立式的信息操作设备。它拥有相当于人类的视觉与听觉的功能，能够存储大量的文字、声音、影像等信息，还可以对信息内容进行调整和提取。”由此可见，从功能上来说，艾伦·凯构想的 Dynabook 与布什的 MEMEX 非常相似。

艾伦·凯还画了一幅两个小孩使用 Dynabook 的构想图。通过这张图可以看出，艾伦·凯的 Dynabook 与现在我们所使用的平板电脑几乎一模一样。唯一的不同之处就是，Dynabook 的屏幕下方有物理按键的键盘。最初，艾伦·凯认为 Dynabook 的价格在 1000 美元左右，但很快他就主张应该将价格控制在 500 美元以内。

1973 年，艾伦·凯所属的 PARC 系统研究室和计算机科学研究室以 Dynabook 的构想为基础，成功开发出一款名为 Alto 的小型计算机。

不过，Alto 的体积仍然没有小到能够手持的程度。其主机的体积相当于一台小型冰箱，除此之外还附带高分辨率显示器、键盘和鼠标。使用者可以通过操作鼠标来下达命令或者作出选择，屏幕会将结果直接显示出来，这就是现在我们所说的“所见即所得”（What You See Is What You Get，WYSIWYG）。到了 20 世纪 70 年代末，大约生产了 1500 台 Alto。Alto 的出现使布什的梦想更加接近现实。

个人电脑的另一条路径

除了布什、恩格尔巴特和艾伦·凯这些出身于大学和研究所的“专业人士”之外，还有很多对电子计算机充满兴趣和热情的“业余人士”也尝试着开发个人电脑。正是这些业余爱好者们的努力，使电子电路技术得到了飞跃性的发展。

以二进制为基础的计算机的电子电路，关键在于检测电流的有无。如果有电流通过则代表“1”，没有则代表“0”，那么电子电路就能够表示二进制的数值，电报时代所使用的继电器就属于其中一类。继电器的运行是根据电磁原理，当有电流通过时电磁石产生磁力吸引金属开关打开，霍华德·艾肯开发的 ASCC 马克一号就采用了这种继电器的方式，所以准确地说它并不是电子计算机，而应该是电动计算机。

后来出现的 ENIAC 使用真空管代替了继电器。真空管通过电压的正负来控制电流的“开”和“关”。1948 年，威廉·肖克利用半导体制作出了晶体管，它也可以通过电压的方向来控制电流的“开”“关”。半导体不只能制作晶体管，还可以用来给电子电路增加必要的电阻，也可以用于制作电容、二极管等电子零件。到了 1959 年，杰克·基尔比和罗伯特·诺伊斯几乎在同一时间开始了将电子电路放在半导体上的“集成电路”（Integrated Circuit，IC）的开发。

IC 后来又发展成大规模集成电路（Large Scale Integrated circuit，LSI）和超大规模集成电路（Very Large Scale Integrated circuit，VLSI）。紧接着，又出现了将中央处理器（Central Processing

Unit，CPU）安装在一块半导体上的技术，也就是我们现在所说的微处理器（Microprocessor Unit，MPU）。英特尔公司在 1970 年开发出全世界第一个微处理器——Intel 4004，并在 1971 年将其推向市场。英特尔之所以着手开发微处理器，是受了日本的计算器生产商 Busicom 委托。Busicom 的员工嶋正利也参与了 Intel 4004 的开发。

“4004”除了作为计算器的处理器之外还被用于其他的领域。利用 MPU 学习计算机工作原理的电子套件也在当时大受欢迎。1974 年，英特尔又开发出了搭载有 6000 个晶体管的 MPU“Intel 8080”。

现在看来，8080 的诞生具有划时代的意义。当时 MITS 公司的埃德 · 罗伯茨大量购买 8080，并利用其组装成通用计算机“Altair 8800”来销售。因为组装计算机需要非常专业的技术，所以罗伯茨的组装完成品销量很好。

严格来说，Altair 8800 并不能算是个人电脑，因为它既没有键盘也没有显示器。输入信息完全依靠其前端的 16 个开关，通过这些开关输入程序和数据之后，结果会显示在前端的 LED 上。也就是说，这台设备的开关就相当于键盘，LED 则相当于显示器。

组装 Altair 8800 所需的零件总价为 397 美元，而组装完毕的 Altair 8800 售价则高达 498 美元。当时美元兑日元的汇率是 1 ∶ 300，因此分别相当于 11.91 万日元和 14.94 万日元。当时日本小学教师的月薪大约是 5.4 万日元，由此可见 Altair 8800 的价格有多么昂贵。

不过，当《大众电子》杂志在 1975 年 1 月号上对 Altair 8800 进行了介绍之后，Altair 8800 顿时成为电子爱好者们关注的焦点，据说在 3 个月内总计售出了 4000 台。

盖茨与乔布斯登上舞台

1974 年 12 月，美国波士顿的两名年轻人目不转睛地看着《大众电子》1975 年 1 月号的封面。杂志的封面上是一张 Altair 8800 的照片，旁边用很显眼的字体写着“世界上第一台计算机套件……比市面上销售的计算机便宜 1000 美元”的广告。在杂志的正文中，对 Altair 8800 进行了非常详细的介绍。

看完杂志上的介绍之后，这两名年轻人认为利用这台计算机一定能够实现交互式的程序。这两个年轻人不是别人，正是后来共同成立微软公司的比尔·盖茨和保罗·艾伦。

出生于 1955 年的盖茨和出生于 1953 年的艾伦，在中学时期就因为对计算机的共同爱好而成为好朋友。在他们“发现”Altair 8800 的时候，盖茨正在哈佛大学读书，而艾伦则是华盛顿州立大学的学生。艾伦之所以会出现在哈佛大学所在的波士顿，是因为他正打算邀请盖茨一起成立公司创业。这两人打算给 Altair 8800 编写编程语言 BASIC，然后卖给制造这种计算机的 MITS 公司。

如果想让计算机按照特定的目的进行工作，就必须事先给其写好工作顺序。这被称为程序。二进制的计算机只能理解“1”和“0”，所以程序也需要用“1”和“0”来编写。这被称为机器语言。但人们要想用机器语言来准确地编写程序非常困难，于是人们开发出一种接近人类自然语言的方式来编写程序。这被称为编程语言。用编程语言编写的程序能够被翻译成机器语言，并在计算机上执行。

BASIC 就是最有代表性的编程语言之一，利用 BASIC 可以很容易地在 Altair 8800 上进行编程，盖茨和艾伦从中看到了商机。令人惊讶的是，盖茨和艾伦是在一次都没有见过 Altair 8800 实物的情况下完成 BASIC 的。1975 年 4 月，盖茨和艾伦成立了微软公司。后来，微软逐渐发展成为计算机软件市场的 No.1。

以 Altair 8800 为契机成立的家酿计算机俱乐部也非常著名。这个俱乐部的成员大多是电子工程学方面的专家和爱好者，在 1975 年 3 月 5 日举办的第一次聚会上，会员们就进行了 Altair 8800 的实机演示。

这次聚会有 30 名左右的爱好者参加，其中之一就是在惠普公司工作的史蒂夫 · 沃兹尼亚克。沃兹尼亚克曾设计出一款可以连上阿帕网（现今互联网的前身）打字并即时回传字符显示到屏幕上的终端机。在现场看到演示之后，沃兹尼亚克想到可以利用 Altair 8800 的基板制作一款独特的计算机。

聚会结束当晚，沃兹尼亚克就开始绘制新计算机的设计图。因为 Intel 8080 的价格过于昂贵，所以沃兹尼亚克在设计时选择了规格相同但价格相对低廉的摩托罗拉 6800。1975 年 6 月 29 日，沃兹尼亚克的计算机宣告组装完工，当他按下键盘而屏幕上随之显示出文字的时候，沃兹尼亚克的脸上露出了欣喜的表情。

同样感到惊喜的还有史蒂夫 · 乔布斯。乔布斯打算在自己家的车库里大量制造这台计算机进行销售。1976 年 4 月 1 日，乔布斯和沃兹尼亚克联手成立了苹果电脑公司，比微软公司成立晚了一年。

由此可见，这两家公司在成立之初都和 Intel 8080 以及如今已经被遗忘的 Altair 8800 有着非常深厚的关系。

Wintel 与 Macintosh

在大型机领域处于垄断地位的 IBM 最初对个人电脑市场不屑一顾，认为其只不过是“玩具”而已。但随着苹果 I、苹果 II、Radio Shack 的 TRS-80、Commodore（康懋达）的 PET、Atari（雅达利）的 Atari 400 和 Atari 800 等个人电脑的相继出现，个人电脑市场也变得壮大起来。而且，在苹果 II 上还出现了全世界第一款电子表格办公软件 VisiCalc。

IBM 无法再对电脑市场的发展无动于衷，于是在 1981 年推出了 IBM PC。就在 1980 年，微软公司与 IBM 签订了为其提供 PC 基本操作系统 MS-DOS（Microsoft Disk Operating System）的合同。此外，IBM PC 还决定采用英特尔公司生产的 CPU。IBM 公开了 PC 的标准，随着 IBM PC 的普及，微软和英特尔也取得了飞速的成长。“Wintel”（微软的操作系统 Windows 与 Intel 合并而成的单词）的时代宣告来临。

与此同时，苹果则走上了一条与 Wintel 截然不同的道路。1979 年 12 月，乔布斯来到 PARC，参观了艾伦 · 凯等人开发的 Alto 的操作演示。乔布斯对 Alto 采用的位图和 GUI 十分感兴趣，并打算在下一台电脑中导入这些机能。

位图是道格拉斯 · 恩格尔巴特开发的显示方式，可以通过计算机控制显示屏上每一个像素的明暗和颜色。这虽然会增加计算机的负荷，但能够显示出非常精细的画面。

GUI 是 Graphical User Interface（图形用户界面）的缩写，是一种人机交互的方法。传统的计算机使用的是 CUI（Command User Interface，命令行用户交互）的方法，即只用指令来操作计算机，而 GUI 则可以用鼠标点击图标来对计算机进行操作。这样一来，用户就不必记忆那些烦琐的指令，计算机操作起来更加简单。

乔布斯以 Alto 的理念为基础首先开发出了 Lisa（丽萨），后来又在 1984 年开发出了 Macintosh（麦金托什，Mac）。后者是一台一体式的个人电脑，拥有 9 英寸的黑白显示屏和 GUI 的操作系统。这个操作系统也是现在 MacOS 的源头。笔者在创作本书时用的操作系统就是 MacOS。

范内瓦·布什的 MEMEX 影响了道格拉斯·恩格尔巴特，看到恩格尔巴特演示的艾伦·凯开发出了 Alto，Alto 的技术又被 Mac 继承下来发扬光大。想到这一点，我眼前 iMac 的屏幕上似乎映出了布什的脸庞。

言归正传，Macintosh 上市时用来推广产品的由雷德利·斯科特（代表作《银翼杀手》）导演的电视广告，也引发了极大的关注。这个广告以乔治·奥威尔的科幻小说《1984》为蓝本。在《1984》中，所有人都被“老大哥”监视着，并且按照“老大哥”的命令行动；如果有人违反规则，就会被清洗。

在电视广告中，首先出现的是一群灰色的男人倾听大屏幕中“老大哥”演讲的画面，紧接着画面中闯入了一个穿着运动服的女性，她挥起手中的锤子向大屏幕砸去，“老大哥”则在爆炸中灰飞烟灭。随后画面上出现了以下的广告词："1月24日，苹果电脑公司将发售 Macintosh。现在大家知道为什么《1984》没有在今年成为现实了吧！"

当时人们普遍认为"老大哥"象征着垄断计算机市场的 IBM，而 Macintosh 的出现则避免了世界成为科幻小说《1984》中描写的模样。乔布斯想要通过电视广告向人们传达"Macintosh 能够解放个人的能力"这一信息。不过，现在看来，计算机是开创 21 世纪数字信息技术时代的核心。从这个角度来看的话，广告中的"老大哥"也可以看作是统治 20 世纪的模拟信号信息技术。

不管怎样，这个广告在播出后引起了巨大的轰动。因为广告采用了当时十分少见的暗色调，没看过小说《1984》的人虽然无法完全理解广告的内容，但也被其新颖的表现形式所吸引。据说当时美国的三大传媒网络和地方的电视台都在新闻中报道了这条广告，由此可见这条广告在当时的轰动效应。

硬件与软件仍然无法满足的需求

英特尔公司联合创始人、集成电路（IC）主要发明者之一的戈登·摩尔在 1965 年发表的论文中提出了"摩尔定律"。根据"摩尔定律"，集成电路上搭载的晶体管每隔 12 个月就会增加一倍。后来，他又对时间阶段进行了些许调整，最终将时间确定为 18 个月。

事实的发展也确实如摩尔的预测一样，这也成为大规模集成电路和超大规模集成电路发展的原动力。电路的集成度越高，电子的移动距离就越短，电路的速度也就越快。其结果就是，计算机的处理能力得到极大的提升。这使得当初只是被当作玩具的个人电脑，逐渐发展成能够被用于研究和商用的设备。比尔·盖茨和史蒂夫·乔布斯等人就是这一领域的佼佼者。

史蒂夫·乔布斯和比尔·盖茨都出生于 1955 年，史蒂夫·沃兹尼亚克出生于 1950 年，保罗·艾伦出生于 1953 年。也就是说，他们都是同一时代的人。除此之外，盖茨的好友、后来成为微软公司总裁的史蒂文·巴尔默（1956 年生），谷歌公司的总裁埃里克·施密特（1955 年生），开发出电子表格软件 Lotus1-2-3 的米切尔·卡普尔（1950 年生），成立太阳微系统公司的比尔·乔伊（1954 年生）和斯科特·麦克尼利（1954 年）等人，都是出生于 20 世纪 50 年代的计算机行业的明星。

这些人在个人电脑市场蓬勃发展的 20 世纪 70 年代中期到 20 世纪 80 年代中期（Altair 诞生于 1974 年末，Macintosh 诞生于 1984 年初）刚好处于 20 多岁的年纪。也就是说，在个人电脑市场发展初期，20 多岁的人在这一领域崭露头角的可能性很高。如果错过了这个时间点，或许上述名单就要换人了吧。

由此可见，世界发展的趋势以及历史的必然性是确实存在的。在刚好的时间里出现刚好的人，他们利用技术的积累发挥出自己的创意，其结果就是给这个世界带来了 MS-DOS 和 Macintosh。

进入 20 世纪 90 年代之后，出现了名为多媒体电脑的硬件设备。所谓多媒体电脑，指的是除了能够显示文字信息和图片之外，还能播放音乐和影像的电脑。我们知道，比特能够用来表达所有的信息，而计算机则是专门处理比特信息的设备，个人电脑也属于计算机。但是，以前的个人电脑因为中央处理器的性能太低，内存的容量很小，硬盘的读取速度也很慢，所以很难处理像音乐和影像这样的庞大数据。然而，在进入 20 世纪 90 年代后，上述硬件的性能都得到了极大的提升。

此外，CD-ROM 和播放器的出现也具有划时代的意义。CD-ROM 是将文字、图片、音乐、影像等信息存储在光盘上，使其能够在电脑上显示出来的媒介。CD-ROM 和播放器的出现，使电脑能够更加简单地播放多媒体信息。20 世纪 90 年代初期多媒体电脑的出现，可以说基本上使布什在半个世纪之前的构想成为现实，IA 的大众化取得了极大的进步。

不过，多媒体电脑并没有完全实现布什的梦想，因为布什理想中的 MEMEX 能够实现远程操作，这实际上就是将多媒体电脑连接上网络。然而，20 世纪 90 年代初期的多媒体电脑基本上都是单机的。虽然也存在电脑之间的通信，但仅限于爱好者之间，而且只是通过电话线路与主机相连而已。

与布什时代相比，20 世纪 90 年代的计算机不管是在硬件上还是软件上都取得了巨大的进步。这也使得多媒体电脑未能实现的部分更加引人注意，那就是网络功能。为了满足这一需求，互联网的时代来临了。

第七章

覆盖地球的神经网络

冷战的余波

一直以来，互联网都被认为是第二次世界大战之后美国与苏联的对立、也就是冷战的产物。但实际上并非如此。虽然互联网确实是在冷战的时代背景下诞生的，但互联网本身并不是美国为了应对苏联的核攻击而开发的。

1957 年 10 月 4 日，苏联成功发射了世界上第一颗人造卫星“伴侣号”。人造卫星的成功发射，意味着苏联拥有了发射弹道导弹的技术实力，美国则随时有可能遭受到来自大洋彼岸的核攻击。于是在 1958 年，美国政府成立了美国国防部高级研究计划署（Advanced Research Project Agency，ARPA）。这个组织成立的目的是维持美国在科学技术领域的优势地位，随时防范苏联阵营国家意料之外的技术发展，而导致其成立的直接原因正是苏联成功发射了“伴侣号”人造卫星。

1961 年 4 月，苏联成功地将载有宇航员加加林的人造卫星“东方一号”发射进地球轨道并绕地球飞行了一周。这件事令美国上下都感到极大的震撼，因为这意味着苏联有可能利用载人卫星搭载核武器从太空对美国发动攻击。

紧接着，1961 年 5 月 28 日，美国犹他州西部发生了一次不明原因的大爆炸。这次爆炸导致建在沙漠中的 3 个电话中转基地遭到破坏，军事线路、电视线路以及长途电话线路全部中断。美国政府立即派出犹他州、内华达州以及怀俄明州的军队去抢修遭到破坏的通信基地，同时保护其他电话中转基地的安全。

虽然中断的线路很快就恢复了正常，但这次事故却让美国政府产生了深刻的危机意识。仅仅 3 个电话中转基地被破坏，就导致军事通信线路中断，使得国防通信命令系统陷入瘫痪；一旦苏联将通信基地作为攻击目标，那么总统下达的命令就无法及时地传达下去。1961 年 5 月 29 日，媒体对这次事件进行了大肆报道，同年当选总统的约翰·肯尼迪刚好在这一天度过了自己的 44 岁生日，对于他来说这应该是最糟糕的生日礼物了吧。

在这样的背景下，1961 年美国国防部开始研究能够承受苏联攻击的通信网络。主要负责这项研究的是 RAND（调查与发展，Research and Development）研究所。RAND 研究所起源于美国陆军航空军的研究项目，1948 年成为独立的研究机构。

RAND 研究所将研究项目发送给研究者传阅，其中“新通信系统研究”就是美国国防部为了建立能够抵御核攻击的通信网络而开展的研究，这项研究引起了一个名叫保罗·巴兰的研究者的注意。

回归电报网络的创意

保罗·巴兰于 1926 年出生在俄罗斯，2 岁的时候移民到美国。1949 年，保罗·巴兰从德雷塞尔大学毕业，进入埃克特－莫契利计算机公司（EMCC）就职。

这家公司是由开发出 ENIAC 的约翰·埃克特和约翰·莫齐利在 1946 年共同成立的。作为世界上第一家商用计算机制造企业，其目标是实现 UNIVAC（通用自动电子计算机）的商用化。但巴兰对这家公司的未来感到有些不安，所以在入职不久就离职了。事实上，埃克特与莫齐利确实不善于经营，EMCC 也在 1950 年被雷明顿·兰德公司收购。

后来，巴兰一边工作一边在夜校取得了计算机专业的文凭，1959 年进入 RAND 研究所的计算机科学部门就职。在此之前，巴兰就出于对通信系统抵御核攻击的兴趣而一直进行着独立研究。所以，当他看到“新通信系统研究”招募研究者的信息时，立刻就开始了正式的研究。从 1962 年到 1964 年，巴兰先后发表了关于“分散式通信网络”的研究报告以及关于“分散式通信”的系列报告。

巴兰认为，与集中式的通信网络相比，分散式的通信网络对于核攻击有更强的抵御能力。NHK 曾经在 1995 年到 1996 年分 9 次播放了名为《新·电子立国》的节目，在最后一集《计算机地球网络》中特别采访了巴兰，他对自己构想的网络特征是这样说明的：

用一句话来概括，就是“回到电报时代”。以前电报局的网络遍布整个美国。电报局会把从临近电报局接收到的电报记录在穿孔纸带上。拿到纸带的电报员会根据纸带上的地址将电报转发给与目的地更接近的电报局。通过不断重复这一过程，信息就会被送到目的地。如果采用这种方法，即便个别的电报局遭到破坏，信息也仍然能够被迂回地传送到目的地。但问题是如何让这个过程自动运转起来。于是，我就开始思考利用计算机来实现这一通信系统。

巴兰在这段话中提到了如下 3 个重要的信息。

首先，这个全新的通信网络采用了电报的逻辑。当时最有代表性的通信网络是电话。电话网络通过中央交换机与其他电话相连，因此一旦交换机遭到破坏，那么整个电话网络都会瘫痪。与之相对，电报网络属于分散式的结构。要想消除集中式网络的缺陷，就必须恢复到之前电报网络那样拥有多个通信路径的分散式网络。

其次，这个通信网络要充分利用计算机的高性能。电报局采用的方法是人工确认信息的地址，然后将信息发送到距离目的地更近的电报局；而巴兰打算用计算机来取代人工。这可以说是现代桶队算法（悬臂通信也采用了这种方法）的源头。

最后，由于计算机采用的是数字方式，所以计算机所使用的通信网络也必须是数字信号方式而不能是模拟信号方式。事实上，数字信号比模拟信号抗干扰的能力更强，作为抵御核攻击的通信网络也非常合适。

19 世纪是数字信号信息技术的时代，20 世纪是模拟信号信息技术的时代。电报是 19 世纪最有代表性的数字信号信息技术。当巴兰宣布要回归电报的时候，也意味着信息技术将要回归数字信号时代。由此可见，巴兰或许已经预见到 21 世纪将是数字信号信息技术的时代。

包交换技术的诞生

除了上述内容之外，巴兰还提出了一个同样具有划时代意义的创意，那就是信息块的概念。

用计算机发送的数据并不是一整个同时发送，而是被细分为许多个特定的单位进行发送。巴兰将这种被细分化的数据称为信息块。每一个信息块上都标记有目的地以及如何将细分化的数据重组的信息。当计算机发送信息块的时候，可以使用任意一条与相邻计算机连接的通道，只要保证被分解的信息块能够被发送到目的地并重组还原即可。这种灵活的信息传送方式也和传统的通信网络大不相同。

在巴兰提出信息块概念的同时，英国一个名叫唐纳德·戴维斯的物理学家也提出了同样的数据通信概念。戴维斯将细分化的数据称为“包”。虽然率先公布这一概念的人是巴兰，但后来人们并没有采用“信息块”这个称呼，而是普遍地采用了“包”的说法，这种通信方式也被称为“包交换方式”。1965 年，RAND 研究所将巴兰提出的通过计算机构筑分散式通信网络的想法提交给美国军方。

1966 年，美国军方决定采纳巴兰的建议，开始构筑全新的通信网络，负责执行这一计划的是美国国防部旗下的国防通信局（Defense Communications Agency，DCA）。但这个机构完全没有关于数字信息技术的知识和经验，而且守旧的军方势力还对巴兰的计划持怀疑态度，认为 DCA 无法成功执行巴兰的计划，并找到美国国防部的高级官员（也是巴兰的朋友）商谈，取消了原计划拨给 DCA 的财政预算。就这样，巴兰的计划搁浅了。

最终，巴兰没能实现全新通信网络的构筑。虽然巴兰和戴维斯都没能实现包交换技术的实用化，但是他们提出的模仿电报网络、用计算机代替电报局、将数据细分为数据包、采用选择路径方式发送数据等理念，可以说是组成现代互联网技术的基础。

比如，我们现在想要通过互联网发送一份带有图片的邮件。首先，这个邮件的数据会被细分为多个数据包，每个数据包上都会被标记包括目的地的 IP 地址和数据包编号在内的 TCP。然后，这个数据包会通过互联网被发送出去，经过电报局的路由被送往拥有目的地 IP 的计算机。在数据传输的过程中，如果 A 线路空闲则通过 A 线路传输，如果 B 线路空闲则通过 B 线路传输，数据包被分散传送。最后，接收方在接收到全部的数据包之后，就可以根据 TCP 的信息将数据包重组还原为带有图片的邮件。这种通信协议被称为 TCP/IP，是现代互联网的基础技术。

ARPA 网络的诞生

就在巴兰的计划流产的 1966 年，为美国最先进的计算机研究开发提供支援的信息处理技术办公室（IPTO）的第三任负责人罗伯特·威廉·泰勒，向他的上司——高级研究计划局（ARPA）的局长查理·赫茨菲尔德提出了一个建议：

各个大学的研究机构对计算机的需求越来越高，要想满足每个大学的研究需求就要投入巨额的资金。但如果能够用通信网络将计算机都连接起来，就可以实现资源和研究结果的共享，这样一来，只需将资金集中投入到 1 ～ 2 所研究机构就够了。而且，这种用通信网络将计算机连接起来的方法，还可以使不同厂商生产的计算机之间实现数据的互通，解决了不同机种之间数据共享的难题。

当听到泰勒的这个提案之后，赫茨菲尔德当机立断拿出 100 万美元的预算支持泰勒的研究。ARPA 网络（互联网的前身）项目正式启动。

拿到预算的泰勒为开展项目招募了拉里 · 罗伯茨。当时，罗伯茨已经成功地将相隔美国大陆东西端的两台计算机通过网络连接到了一起，他可以说是负责这一项目的最佳人选。

为了将不同型号的计算机连接起来，罗伯茨想到可以创造一台用于中转的设备。这台设备与现有的计算机连接，负责接收和发送数据，以及控制通信路径，因此被称为接口信息处理器（Interface Message Processor，IMP）。

因为互联网上的数据处理都由 IMP 来完成，所以现有的计算机就不需要进行多余的数据处理工作。只要创造一个将现有的计算机与 IMP 连接起来的环境，就可以使不同种类的计算机之间实现数据的共享。也就是说，IMP 相当于我们现在所说的路由。用电报网络来比喻的话，IMP 就相当于电报局中的电报员。

确立起网络环境之后，接下来就要确定互联网应该按照怎样的方式来进行通信。罗伯茨在计算机学会上介绍这个被命名为 ARPA 网的网络构想时，遇到了保罗 · 巴兰和唐纳德 · 戴维斯，并且第一次了解到包交换技术。回到华盛顿之后，罗伯茨立刻找出巴兰的研究报告并仔细地对内容进行了分析，最终决定让ARPA 网采用包交换方式进行通信。

ARPA 网最初的目的并非用于战争

综上所述，后来发展成为互联网的 ARPA 网最初的目的是将美国大学研究所的计算机连接起来，实现资源的共享。现在很多人认为互联网最初是因为军事目的而被开发出来的，实际上是完全错误的。

提出建立计算机网络的泰勒认为，ARPA 网的目的是“让全美国科学相关研究所的计算机连接到一起，使科学家们能够共享计算机的资源”。罗伯茨也表示：“对苏联核攻击的恐惧确实促进了网络技术的诞生，但并不是使网络技术诞生的真正原因。”罗伯茨这么说的理由，是因为互联网技术“推动了美国信息技术的发展”以及“完全提供给普通民众使用”。

互联网之所以会使人产生其是为了军事目的而开发的误解，是因为其前身的 ARPA 网系由美国国防部旗下的 ARPA 研究所开发的。既然是美国国防部组织开发，那被人认为是用于军事目的也就很正常了。

除此之外，ARPA 网采用的包交换技术是由巴兰设计的，而他之所以设计这种技术，也是为了开发能够抵御核攻击的通信系统，这显然是出于军事目的。互联网沿用了巴兰的技术和理念，更加深了人们对互联网是为了军事目的而开发的误解。

不过，ARPA 网络在实际的构筑过程中，确实考虑了抵御核攻击的因素，证据就是其异常坚固的 IMP。IMP 以霍尼韦尔公司的小型计算机“DDP516”为基础制造，其机箱高 180 厘米、宽 60 厘米、长 70 厘米、重约 400 千克，外面还套着一个灰色的钢铁外壳。

负责开发这台 IMP 的鲍勃 · 卡恩这样说道：“我们制作了加强型的外壳，这是为了让设备能够在遭受剧烈冲击的情况下仍然保持正常运作。对于我们来说，第一要务是保证 IMP 即便遭受核爆的冲击也绝对不能损坏。”

由此可见，虽然 ARPA 网络最初的目的是帮助科学家们共享研究数据，但在实际构筑阶段还是加入了抵御核战争的因素。从这一事实来看，虽然互联网不是出于军事目的而诞生的，但后来确实兼顾了军事目的。

总之，互联网采用了巴兰的设计理念，使回归电报时代的想法再次重生。“telegraphe”原本是始于 18 世纪末的悬臂通信的专有名词，后来成为代表视觉通信的普通名词。当人们开始利用电力进行通信之后，telegraphe 就变成了 electric telegraphe，意为电力通信，也就是电报。后来，electric telegraphe 中的 electric 又被省略，只留下 telegraphe 代表电报。再后来 telegraphe 的理念又被互联网的基本结构所采用。从这个意义上来说，悬臂通信的精神在互联网之中仍然存在。

从 ARPA 网络到互联网

1969 年 9 月，IMP 的 1 号机被设置在加利福尼亚大学洛杉矶分校（University of California at Los Angeles，UCLA）。1 个月后，IMP 2 号机被设置在斯坦福研究所（Stanford Research lnstitute，SRI）。此时，UCLA 已经将 IMP 1 号机和 SDS 公司生产的西格玛 7 计算机通过光缆连接到了一起，实现了数据通信。SRI 则将 IMP 2 号机与 SDS 公司生产的 SDS 940 计算机连接到了一起。随后，IMP 1 号机与 IMP 2 号机通过 50KB 的专用通信线路连接了起来。这就是 ARPA 网络的雏形。1969 年 10 月，在 UCLA 与 SRI 之间成功地实现了通信。

1969 年 11 月，加利福尼亚大学圣塔芭芭拉分校（UCSB）导入 IMP 3 号机。1969 年 12 月，犹他大学导入 IMP 4 号机。这样一来，最初计划的 4 个研究机构就全部接入了 ARPA 网络。UCSB 使用的计算机是 IBM 360，犹他大学使用的是 DEC 的 PDP-10。也就是说，这 4 个研究所使用的都是不同型号的计算机。UCLA、SRI、UCSB 都在加利福尼亚州，因此线路可以相互连接。但犹他大学因为与其他 3 个机构相隔太远，所以只与距离相对较近的 SRI 之间连接了专用线路。

随着网络中计算机数量的不断增加，IMP 也会自动地更新路径表。当一个 IMP 从其他的 IMP 获得数据包的时候，首先会确认数据包的目的地，然后根据自身拥有的路径表，选出数据包应该被送往的 IMP。如果这个路径表不是最新版本，IMP 就无法正常工作。因此，IMP 会时刻与相邻的 IMP 交换信息，每当有新的 IMP 加入网络，IMP 就会根据情况的变化更新自己拥有的路径表。这样一来，IMP 就会根据最新的路径表——像人工的电报员一样将数据包送往相应的地址。

在距离其他 IMP 最远的犹他大学连接成功之后，连接到 ARPA 网络的计算机数量开始逐渐增多。1970 年，开发 IMP 的博尔特·贝拉内克和纽曼公司（Bolt Beranek and Newman Inc.，BBN）、位于美国大陆东部波士顿的麻省理工学院（Massachusetts Institute of Technology，MIT）、哈佛大学以及 RAND 研究所等全都加入了 ARPA 网络。截至 1971 年 12 月，随着卡耐基·梅隆大学、林肯实验室、伊利诺伊大学、斯坦福大学等的加入，ARPA 网逐渐发展为一个拥有 25 个以上接入点、遍布整个美国的网络。5 年后的 1976 年，接入点的数量更是增加到 50 个。

不过，并不是美国所有的大学和研究机构都能够与 ARPA 网相连，这就使 ARPA 网成为一个只有少数人能够连接的网络。因此，从 20 世纪 70 年代末期开始，陆续出现了 USE 网、CS 网、BIT 网等诸多网络。到了 1984 年，美国国家科学基金会（National Science Foundation，NSF）建立了通过大容量的专用线路将超级计算机连接起来的 NSF 网络。之后，很多 ARPA 网之外的独立网络都加入 NSF 网络之中。

1984 年，日本庆应义塾大学的村井纯等人建立了将东京大学、东京工业大学、庆应义塾大学连接起来的 JU 网络（Japan / Japanese University Network），宣告了日本网络时代的到来。1989 年，全世界首个商用互联网服务提供商（Internet Service Provider，ISP）诞生。日本首个商用 ISP 是铃木幸一等人在 1992 年推出的 Internet Initiative Japan（IIJ）。ARPA 网络在 1990 年停止服务，NFS 网络也在 1995 年被移交给民间管理。

万维网与多媒体电脑

20 世纪 90 年代前半段，互联网还只是研究人员的工具，只有极少数人知道其存在。值得注意的是，互联网开始向大众打开大门的时候，正是个人电脑的性能得到飞跃性提升、即多媒体电脑出现的时候。

正如前文所述，多媒体电脑因为性能得到了提升，所以能够显示文字、图像、影像、音乐等多媒体内容。此外，搭载有 CD-ROM 播放器的计算机还可以通过 CD-ROM 来播放多媒体信息。虽然搭载 CD-ROM 播放器的电脑并不完全等同于多媒体电脑，但二者之间也存在很多的共同点。随着 CD-ROM 的普及，很多杂志都开始随书附送 CD-ROM，甚至出现了没有纸质媒体只有 CD-ROM 的杂志。

到了 1993 年，因为网页浏览器 NCSA Mosaic 的诞生，万维网得以迅速普及。万维网的概念最早由在欧洲核子研究组织（Conseil Europécnn pour la Recherche Nucléaire，CERN）工作的科学家蒂姆·伯纳斯·李在 1989 年提出。万维网以超文本结构为基础，在文字之中含有其他文字的链接，通过点击文字的超链接，可以直接跳转到显示其他文字的页面。这其实就是将范内瓦·布什设想的、由道格拉斯·恩格尔巴特实现的超文本应用于互联网上的结果。

在万维网上显示的文字内容被称为主页或者页面。最初，蒂姆·伯纳斯·李只是打算利用万维网对 CERN 的学术论文和资料进行管理，后来万维网逐渐向全世界的所有终端设备提供服务。

只要拥有用于浏览网页的专用软件（网页浏览器），就可以浏览世界上任何地方的网页。前面提到过的 NCSA Mosaic 就是当时最受欢迎的浏览器。

NCSA Mosaic 是由伊利诺伊大学香槟分校的英国国家超级计算应用中心（National Center for Super Computer Applications，NCSA）在 1993 年开发的浏览器，供大众免费下载和使用，因此使用者瞬间就达到了 100 万人，极大地加快了万维网的大众认知和普及。

一个名叫吉姆·克拉克的人从中看到了商机，他和马克·安德森共同成立了网景通信公司（初期名叫 MOSAIC Communication Corp），开发了一款比 Mosaic 性能更高的网页浏览器——网景领航员。很快网景领航员的用户数量就超过了 Mosaic，这进一步推动了万维网的发展。

万维网的重大意义

现在回顾万维网的诞生，可以说其在信息技术的发展史上具有非常重要的意义。其意义至少包括以下三点。

第一，万维网的出现使计算机用户可以通过互联网获得各式各样的信息。最早接受万维网冲击的大众，基本上都是多媒体电脑的用户。在互联网普及之前，也有像富士通的 NIFTY-Serve 和 NEC 的 PC-VAN 等通过联网为个人电脑提供信息的服务，但这些服务全都以提供文本信息为主。

但在万维网出现之后，多媒体信息一跃成为主流。在此之前，只有多媒体电脑的用户可以通过CD-ROM享受多媒体内容；在接入互联网之后，所有用户都可以通过互联网享受文字、图片、音乐、影像等多媒体信息。也就是说，即便没有CD-ROM，也一样能够在互联网上获得多媒体内容。这样一来，随着互联网的普及，CD-ROM也将逐渐消失，实际历史的发展也证实了这一点。

第二，万维网成为能够将个人拥有的信息广范围地发送出去的一种手段。网页是用一种名叫HTML的语言编写的。只要在网页上添加一个表示数据位置的统一资源定位器（Uniform Resource Locator，URL）并将其上传到网页服务器上，那么世界上任何一台拥有网页浏览器的电脑都可以通过名为超文本传输协议（HyperText Transfer Protocol，HTTP）的通信协议来浏览网页上的信息。

信息技术的历史实际上就是信息技术大众化的过程。在模拟信号信息技术迎来巅峰的20世纪末，电话这种一对一的信息技术和电视这种一对多的信息技术处于绝对优势的地位，但个人要想拥有像电视那样一对多的信息传播手段却极为困难。

而万维网的出现，使个人向大众发送信息成为可能。这也是继业余无线电之后，第二种让个人能够向大众发送信息的途径。也就是说，万维网成为推动信息技术大众化的强力引擎。

第三，万维网的诞生还使人们认识到了一个非常重要的事实，那就是20世纪确立起来的以模拟信号信息技术为基础的传统媒体是否有存在的必要。这也可以说是在信息技术的发展史上一个非常重要的转折点。

媒体的屏障失去意义

20 世纪模拟信号信息技术的特征在于：不同种类的信息，其传达的媒介、设备以及流通路径也各不相同。这种媒介、设备和路径的组合被统称为媒体。因此，不同的媒体互不侵犯，保持共存。关于这一点，请大家再回忆一下香农提出的通信系统的基本模型。

香农提出的通信的基本模型，由信息源、发送设备、通信通道、噪声源、接收设备、接收者组成。信息源指的是想要传达给接收者的信息，可以是语言文字、图片或者音乐等。这个信息通过发送设备转变为信号，然后经由通信通道送出。通信通道中存在噪声源，会对信号造成负面影响。当信号传送到接收设备之后，就会被重新恢复为信息。这样，接收者就能理解信息的内容。

假设需要传递的信息以对话、声音、文字、图片以及影像等形式存在，那么在模拟信号信息技术的时代，需要根据信息的形式准备专用的发送设备、通信通道和接收设备。这些设备和通道的组合形成了对应的电话、广播、传真和电视等媒体。

这种通信模型同样适用于能够手持的媒体。比如，文字以书籍的形式通过交易等流通路径从书店传达给读者；音乐以磁带或 CD 的形式通过交易等流通路径从音像店传达给听众。

但在万维网出现之后，这种根据信息种类区分媒体的做法就失去了意义。正如香农所说，所有的信息都可以用比特来表示。文字、图片、音乐、影像这些“软件”都可以用比特来表示。多媒体电脑同时作为这些比特信息的发送设备和接受设备，是能够对比特信息进行综合处理的硬件。这个硬件还与同样对信息进行综合处理的互联网相连形成网络，从而能够随心所欲地运行软件。

也就是说，当统一规格的软件（比特信息）、对比特信息进行综合处理的硬件（电脑）以及将比特信息综合到一起的网络（互联网）这 3 个要素结合到一起的时候，就不再需要像以前那样根据信息的形式选择不同的媒体。万维网的出现使人们意识到了这一点：一旦这件事成为现实，那么以 20 世纪的模拟信号信息技术为基础的媒体区分就会被彻底破坏。

软件、硬件、网络三要素

在 NCSA Mosaic 刚出现的时候，如果有人说“传统媒体的区分将变得毫无意义”，肯定没有人会相信吧。这是因为，在万维网发展初期，网络上的内容（软件）还很少，电脑（硬件）的性能很一般，而且与互联网（网络）连接也十分麻烦。

不过，随着软件、硬件以及网络的性能不断提高，21 世纪的数字信号信息技术也得到了飞速的发展。这里所说的软件，可以看作是以信息为基础组成的一些事物，其中也包括内容、程序，甚至社会制度和规范。

硬件则作为对软件进行处理的终端，包括电视和广播的接收机，以及电脑、手机、平板电脑、VR 设备、传感器等。

网络是连接硬件使之能够对软件进行处理的路径。如今把互联网作为比特信息的综合流通路径，已经成为事实上的标准。

由此可以判断，21 世纪的信息技术，在以能源（现在是电力）为基础的同时，由软件、硬件、网络这 3 个要素组成。我将 hardWare、softWare、netWork 统称为“3W”，并总结出了 3W 法则：

3W 法则

法则① 信息技术的发展依赖于 3W 的发展。

法则② 信息技术的水准取决于 3W 的瓶颈。

法则③ 信息技术的水准提升依赖于瓶颈的突破。

首先来看法则①，既然信息技术是由软件、硬件以及网络这 3W 组成的，那么信息技术的发展必然依赖于 3W 的发展，这可以说是不言自明的。

不过，3W 的发展并不均衡，有时候可能硬件性能很高，但软件的开发十分缓慢，有时候可能刚好相反。在这种情况下，信息技术的水准就取决于发展水平最低的要素，也即 3W 的瓶颈。正如“如果没有软件，计算机就是一个普通的箱子”所说的一样，不管计算机的性能有多高，如果没有合适的软件，就无法将其能力充分地发挥出来。也就是说，“软件”是制约计算机水准的瓶颈。这也是法则②告诉我们的事实。

那么，要想提高信息技术的水准，应该怎么做才好呢？根据法则②，信息技术的水准取决于 3W 的瓶颈，这也就意味着要想提高信息技术的水准，就必须突破瓶颈。所以法则③就水到渠成了，即要想提高信息技术的整体水准，必须突破瓶颈。

上述法则的理论基础，是管理学家艾利·高德拉特提出的制约理论。高德拉特将突破瓶颈实现整体能力提高的改善称为整体最优化，而关注瓶颈之外的因素对其进行改善则属于局部最优化。要想提高整体的表现，必须做到整体最优化而非局部最优化。由3W组成的信息技术也同样适用于制约理论。

通过“3W法则”分析互联网的大众化过程

如果将20世纪90年代前半段开始的互联网的大众化过程放在软件、硬件、网络的3W框架之中进行分析，不难看出数字信息技术整体的发展都依赖于3W瓶颈的突破。

正如前文所述，随着NCSA Mosaic的出现，人们对万维网的关注度急速提升。日本也在1994年左右出现了互联网热潮，介绍互联网相关信息的杂志大受欢迎。尤其是1994年末网景领航员的诞生，更使人们对互联网的关注度大幅提升。

用现在的眼光来看，当时不管是软件还是硬件都存在许多缺陷，但比硬件和软件问题更大的是网络。当时普通人要想连接到互联网，必须通过一个叫作调制解调器的设备以及电话线路进行拨号上网。

调制解调器能将计算机的数字信号转变为电话线路可使用的模拟信号。调制解调器性能取决于其1秒钟能够传送多少数字信号，这个指标被称为通信速度。一般的调制解调器的通信速度为9600～14400比特每秒（bps），后来又出现了通信速度高达

28800 比特每秒的调制解调器，这已经是模拟信号通信方式的速度极限。

顺带一提，CD 中收录的音乐是将立体声音源以 44.1 千赫取样并以 16 位量子化转变而成的比特信息，因此其 1 秒钟的信息量是 141.12 万比特。如果用 14400 比特每秒的调制解调器发送 CD 中的信息，那么每发送 1 秒钟的音乐信息就需要 98 秒的时间，发送一首 5 分钟的音乐需要 490 分钟（8 小时 10 分钟）的时间。由此可见，其传输速度有多么慢。

更成问题的是拨号上网的方式。这是一种通过拨号使个人电脑连接上 ISP 的方式。因为使用的是普通的模拟信号电话线路，所以每 3 分钟需要缴纳 10 日元的通话费。也就是说，拨号上网的方式不但通信速度慢，而且通信费用还很昂贵。

由此可见，即便拥有高性能的多媒体电脑，但因为受限于当时的网络条件，用户也无法随心所欲地享受互联网上的内容（软件）。根据 3W 法则②，速度慢、价格贵的网络成为制约当时信息技术水准的瓶颈。

既然如此，要想提高信息技术的整体水准，就必须突破这个瓶颈。也就是说，提高网络性能是当时最急需解决的问题。具体内容包括提高网络通信速度，以及取消拨号上网方式、更改为费用固定且永久连接的方式。

1992 年，美国前副总统阿尔·戈尔提出信息高速公路法案。1993 年 9 月，美国政府宣布实施一项新的高科技计划——“国家信息基础设施”（National Information Infrastructure，NII），旨在以互联网为雏形，兴建信息时代的高速公路——“信息高速公路”，使所有美国人都能够方便地共享海量的信息资源。

再来看日本，随着 INS64 服务的普及，日本的普通家庭都拥有了 64 千比特每秒的通信速度。此外还出现了虽然价格昂贵但速度能够达到 128 千比特每秒的 INS 服务。

到了 20 世纪 90 年代末，相继出现了许多高速度、大容量而且永久连接的互联网服务。其中最有代表性的当属有线电视网络和 ADSL。前者是利用有线电视的线路连接互联网的服务，后者是利用现有的金属电话线路实现比 ISDN 速度更快的互联网连接服务。在 21 世纪最初 10 年，这些互联网服务只需要每个月缴纳 5000 ~ 6000 日元的费用就可以享受 500 千比特每秒～ 1 兆比特每秒的通信速度。

网络与硬件的发展

2001 年，在日本城市地区开始出现光纤到户（Fibre To The Home，FTTH）服务；到了 2008 年，FTTH 的用户数量已经超过 ADSL。FTTH 服务的通信速度也从最初的 10 兆比特每秒提升到 2010 年的 100 兆比特每秒，到了 2015 年更是增加到 1000 兆比特每秒。原本属于信息技术瓶颈的网络性能，在这短短 20 年间取得了惊人的发展。

在网络性能提高的同时，硬件性能也在不断发展。最能体现这一点的当属 CPU 上晶体管的数量。1974 年，Altair 8800 采用的英特尔 8080 的 CPU 上搭载晶体管的数量是 4500 个；到了 20 世纪 80 年代中期，这个数字就超过了 27 万个；在 NCSA Mosaic

诞生的 1993 年上市的奔腾 CPU 搭载有 310 万个晶体管；而现在的至强（Xeon）搭载的晶体管数量已经超过 30 亿个。可见，晶体管数量的增加速度完全符合摩尔定律。

在这段时期，无线设备与无线网络（移动电话）的发展也非常迅速。1979 年以车载电话的形式诞生的移动电话，经过第一代的模拟信号电话、第二代的数字信号电话、以 IMT-2000 为基准的第三代电话，到现在相当于第四代的 LTE 电话也已经得到了普及。随着通信技术的更新换代，无线传输的最大通信速度也在不断提高，第二代的通信速度只有 10 千比特每秒，第三代的通信速度就已经达到 2 兆比特每秒，而第四代的通信速度更是超过 100 兆比特每秒。在 2020 年，第五代移动通信（5G）也投入了使用。5G 能够实现最大 10 千兆比特每秒的超高速通信，使移动终端也能够显示 4K 和 8K 的超高清画面。

与之相对的，移动电话终端也实现了极大的进化。2007 年上市的 iPhone 2G，以及 2008 年上市的、对应第三代移动通信系统的 iPhone 3G，使智能手机迅速得到了普及。同时，谷歌推出的安卓系统又加快了智能手机普及的速度。

在网络和硬件都取得显著发展的过程中，软件开始成为 3W 之中的瓶颈。事实上，在宽带飞速发展的 2000 年以后，瓶颈就逐渐从网络转向软件。在这种情况下，要想提高信息技术的整体水准就必须提高软件的性能，或者开发全新的软件。不管硬件和网络的性能有多强，如果没有相应水准的软件，那么计算机也不过是“连着电线的普通箱子”罢了。

2005 年 9 月，美国奥莱利传媒的 CEO 蒂姆 · 奥莱利在论文中提出了 Web2.0 的概念。他认为 Web2.0 是一个平台，所有的用户都可以是网页的共同开发者，同时用户也可以从网页上获取其他所有用户的智慧和数据资源。

万维网向大众敞开大门——博客、SNS 与智能手机

Web2.0 最值得我们关注的，就是“所有用户都可以是网页的共同开发者”这一点。这就使得用户在使用网页时，并非单方面地接受网页制作者所提供的内容，还可以和其他使用者一起创造内容。而且，网页的使用者越多，网页上存储的数据资源就越多，其作为群体智慧的价值也就越高。

这种形态的网页被称为 User-generated Content（UGC）或者 User-generated Media（UGM），意为用户生成内容（媒介）。用户创造的内容可以被其他用户共享。因此，UGC 也拥有社交媒体的特征。

最早引起人们关注的 UGC 是 2002 年开始普及的博客，当时出现了许多著名的博客作者。后来的脸书、推特和微博等都是刚一出现就大受欢迎。

在软件领域，为什么这种用户参与的内容和服务取得了如此迅猛的增长呢？答案就在于网页拥有的信息发送能力。

在前文中提到过，万维网成为个人广范围发送信息的一种手段。在网页诞生之前，个人向广范围发送信息的方法只有业余无线电一种。这也意味着绝大多数的人都没有一对多发送信息的能力；而在网页出现之后，所有人都可以向大众发送信息。这在信

息技术的发展史上可以说具有划时代的意义。

不过，在网页诞生初期，想要通过网页发送信息并不容易。首先，要想在网页上添加信息，必须掌握 HTML 的相关知识。如果想制作出漂亮的网页，还需要更多其他的专业知识。其次，制作好的网页（内容）必须要上传到网页服务器。因为自己搭建网页服务器的门槛很高，所以也相应地出现了出租网页服务器的服务。即便如此，用户还需要具备上传数据和数据配置相关的知识。这样一来，除了那些十分热衷于通过万维网发送信息的人，绝大多数的人都因为发送信息的难度太高而无法应对。因此，早期的互联网用户绝大多数都没有选择自己发送信息，而是以浏览网页和发送邮件等交流方式为主。

事实上，在过去也出现过类似的情况，那就是业余无线电。只有技术娴熟的业余无线电爱好者才能发送和接收信息。技术的熟练度越低，接收信息的比率就越高，因为发送信息需要更高的技术水平和专业的设备。

当无线电发展成为无线广播之后，绝大多数的人都选择成为信息的接收者也就是听众。也就是说，本来能够使个人进行一对多发送信息的无线电，却随着技术的发展使个人选择了成为“多”而没有选择成为“一”。

网页诞生初期所发生的一切简直就是业余无线电的翻版，但网页接下来的发展路线却和业余无线电完全不同。随着网页技术的发展，即便没有专业技术和知识的普通大众，也能够轻而易举地通过网页一对多地发送信息。具体手段是通过博客、脸书、推特以及微博等用户参加型的内容与服务。这些方法使得个人既是信息的接收者，同时也是信息的发送者。

提出“生产消费者”概念的阿尔文·托夫勒在1980年出版的著作《第三次浪潮》中指出，在2000年之后的信息技术世界，大众将成为信息的生产消费者。也就是说，Web2.0是信息技术更进一步实现大众化的象征。

这一趋势，在移动电话进化为智能手机的过程中更加明显。智能手机拥有和电脑相似的性能，而且几乎可以说是人手一部。通过使用智能手机，所有人都会成为信息的接收者和发送者。这也意味着绝大多数的人可以随时随地成为信息的生产消费者。

在20世纪，无线广播和电视使信息技术发生了翻天覆地的变化；而进入21世纪的数字信息技术时代之后，大众成为信息的生产消费者。从这个意义上来说，信息技术的大众化取得了巨大的进步。

媒体的屏障被彻底消除

进入21世纪，除了用户参与型的软件之外，还出现了其他类型的软件，提供大容量内容信息的服务就是其中之一。大容量内容信息的代表则是音乐与影像。

以前人们通过唱片和磁带来欣赏音乐，后来唱片被CD取代，到了21世纪头十年的中期出现了有偿音乐下载服务，如今又进入到每月定额付费的流媒体时代（在线音乐）。互联网成为可以用来收听自己喜欢的音乐的专用收音机。

现在，日本全国的广播电台在进行无线广播的同时，也在互联网上提供一个名叫“Radiko”的服务，使互联网用户也能收听广播节目。有调查显示，大约有 100 万名用户通过互联网收听广播节目。收听当地的广播节目无须付费，如果每月缴纳 350 日元的费用就可以收听全国各地的广播节目。

日本的广播行业采取的是地区认证制度。除了关东、中京、关西之外，其他地区都是以县为单位向电台授予广播资格。各县的广播业者只能在县内进行广播，不允许向县外广播。在地方之所以能够收听到关东和关西的主要电台制作的节目，是因为地方电台加入了主要电台组建的广播网络，地方电台能够转播主要电台的节目。

互联网则没有县境的限制，甚至都没有国境的限制。因此，在互联网上播放广播节目，身在日本的任何地方甚至在世界的任何地方都能收听到。但这样一来，就与地区认证制度产生了矛盾。于是，日本政府根据听众的 IP 地址来确定收听地区，将互联网上的广播节目也调整为只有当地才能收听。

不过，现在因为 Radiko 的出现，用户只要支付费用就能够收听全国各地的广播节目，使得地区认证制度名存实亡。或许有人认为，既然如此，不如直接废除这个制度，但实际上并没有那么简单。因为一旦废除了地区认证制度，那些主要电台就可以直接向全国乃至全世界播放自己制作的广播节目，而这会导致那些依赖转播这些节目赚取利润的地方广播电台失去收入，所以地区认证制度至今仍然保留着。但问题在于，日本政府一边保留了地区认证制度，一边又允许明显与这项制度存在矛盾的 Radiko 以收费的方式提供服务。

这样的情况，在从视觉通信转变为电报时期的法国也同样存在。法国政府为了保护从事视觉通信的通信员的工作，专门开发了悬臂式的福尔－宝玑电报机。这是一个在新技术和旧制度的碰撞下诞生出来的充满矛盾的解决方案。Radiko 导致的矛盾现象和法国当年的情况如出一辙，可谓历史的重演。

言归正传，随着硬件和软件的发展，通过网络提供影像这种大容量的内容成为现实。最早提供这一服务的是 YouTube，如今 Hulu、网飞、亚马逊等也都通过流媒体提供在线视频观看服务，而且观看影像内容不需要使用专门的设备，只要通过智能手机或者平板电脑等终端设备下载应用程序即可。如果通过 HDMI 线路将这些设备与电视连接在一起，还可以在电视的大屏幕上享受高清的影音体验。

电视台也从环境的变化中感觉到了危机。2016 年，NHK 提出了在播放电视节目的同时也通过互联网进行播放的设想。如果 NHK 走出了互联网同步播放这第一步，那么其他电视台肯定也会效仿。但这种做法也和现有的地区认证制度存在矛盾。首先，NHK 难以向通过网络收看电视节目的观众收取收视费。而且，对民营电视台来说，最关心的肯定也是地区认证制度。因此，届时一定也会出现和视觉通信转变为电报时的法国一样的混乱局面。

在 NCSA Mosaic 诞生之初的 1993 年，“传统媒体的区分将变得毫无意义”还只是痴人说梦，但如今这已经随着硬件和网络的飞速发展而变成了现实。正如前文所述，声音和影像等所有的信息都可以通过比特来表示。随着硬件性能的提高，现在所有的信息都能够被非常清晰且流畅地表示出来。与此同时，用于流通比特信息的网络的性能也得到了极大提升。

因此，之前那种根据信息的种类来对媒体进行区分的行为就变得毫无意义。如果非要区分的话，或许也是通过应用程序来进行区分。现在大概可以看作是媒体屏障即将被彻底消除的过渡时期吧。

第八章

IoE、大数据以及 AI

信息技术的两大新趋势

纵观信息技术的变迁，会发现这其实就是信息技术大众化的历史。信息技术的大众化也可以说是“信息技术以及信息技术带来的信息被大众活用的过程”。

视觉通信的诞生，使相隔很远的两个地区能够以前所未有的速度进行信息的交流。这项信息技术虽然也存在对民间开放的情况，但基本上只有极少部分的人才能使用，并没有对大众敞开大门。后来出现的电报，使作为民间也能使用的信息技术得到了普及。可以说信息技术真正实现大众化，就是从电报出现之后才开始的。紧接着，电话的发明使相隔两地的人也能共享交流的时间，这意味着信息技术的大众化又向前迈进了一步。

无线电出现之后，个人能够与不特定多数的人进行信息的交流。但通过无线电发送信息需要熟练的技术和价格昂贵的设备，所以绝大多数的普通人都选择了接收信息。在无线广播之后又出现了电视，这两者都可以使人足不出户就能够了解到其他地区产生的信息。与此同时，广播和电视还拥有为大众提供娱乐的功能。电话和电视成为最能够代表 20 世纪模拟信号信息技术时代的科技。

如今，所有的信息都被比特化，能够处理比特信息的电脑和智能手机等终端的性能也得到了极大的提升，而且这些终端还能够与互联网相连，这就使得任何人都可以轻而易举地成为信息的消费者和生产者。从 2000 年开始，信息的大众化就逐渐渗透进个人的生活之中。

那么，信息技术的大众化已经达到巅峰了吗？答案是否定的。在我们的周围还存在着许多没有被利用的信息。借用梅棹忠夫的话来说，就是还存在着许多“没有被接收也没有被解读的信息”。信息就是信息！（马歇尔·麦克卢汉曾经说过“媒介就是信息”，但我这句话并不是在模仿他）那什么是信息呢？信息指的是有意义的内容。因此，信息就是有意义的内容。但除了我们现在了解到的信息之外，还存在本来拥有意义但没有被接收和解读的信息。新的信息技术就是要将这些信息以大众能够利用的形式提供出来。

这与管理学家野中郁次郎提出的“组织的知识创造”十分相似。所谓组织的知识创造，指的是通过将组织拥有的暗默知（即隐性知识）转变为形式知（即显性知识），使组织实现革新的活动。我们身边没被利用起来的信息可以看作是社会的暗默知。信息技术就是将这些社会的暗默知转变为形式知，也就是将其转变为大众能够利用的信息，使我们的生活变得更加方便、舒适。

我们身边没被利用起来的信息大致上可以分为两类，一类是人类拥有但尚未利用的信息，另一类是存在于人类周围却没有被利用的信息。前者属于人类内部未被利用的信息，后者属于人类外部未被利用的信息。这些未被利用的信息揭示了未来信息技术发展的两大趋势。

未被利用的生物体信息

人类内部尚未被利用的典型信息就是生物体信息。血液流动、心脏跳动、脉搏、脑电波等都包含着丰富的信息。以脉搏为例，日本关西学院大学名誉教授、统计心理学家雄山真弓就正在开发根据指尖脉搏把握人类心理状况的硬件和软件。雄山认为，人类的精神状态处于“混沌摇摆的状态”。混沌经常被误认为是混乱无序，但实际上混沌也是存在秩序的，只不过这种秩序太过复杂而使人类难以理解。雄山所说的混沌摇摆的状态，其实就是“过于复杂使人类无法理解但仍然有秩序的摇摆状态”。

精神健康的人，摇摆的幅度处于合适的区间。抑郁的人的摇摆幅度较小，躁狂的人的摇摆幅度较大。此外，还有摇摆幅度很小的人突然间出现摇摆幅度迅速增大的情况，这样的人很有可能会做出伤害自己或他人的行为。

通过指尖脉搏可以读取上述人们精神状态的信息。但现在指尖脉搏的信息几乎完全没有得到利用。如果无须进行复杂的操作，任何人都能简单地记录指尖脉搏的信息，那么就能轻易地把握自己当前的精神状态。再结合过去的行动记录进行分析，就可以了解自己在什么活动中会出现怎样的精神变化。通过网络大量地收集相关的数据信息，还可以了解不同性别、年龄层以及地区的人的平均精神状态。

这个指尖脉搏信息提取装置，需要在手指部位安装一个接收器，然后通过数据线与智能手机或电脑相连进行数据的传送。也就是说，设备本身是安装在身体外部的。另一方面，直接将设备安装在身体内，获取人类身体内部信息的研究也在进展当中。比如，通过机械设备获取人类大脑信息的 BCI（脑机接口，Brain-Computer Interface）就是其中之一。BCI 可以使人类直接通过大脑对机器人进行远程操作。

在 2014 年举办的巴西世界杯开幕式上，半身不遂患者穿着机器骨骼踢足球的场面引发了人们的关注。这其实就是 BCI 的实际应用场景之一，也可以说是将之前未被利用起来的大脑信息利用起来的技术。

如今信息技术正在逐渐进入我们的身体内部。回顾 IT 技术的发展史就会发现，这实际上是一种历史的必然。视觉通信的设备位于建筑物和高台的顶端；到了电报时代，电报局出现在街头巷尾；而电话时代的电话则进入了千家万户；无线广播和电视进入了客厅，人们通过距离自己只有几米远的设备就能得知数百千米之外发生的事情。

人类在操作电脑时，与电脑的距离大约为 60 厘米。最初位于玄关的电话逐渐进入到客厅，然后又进入卧室。如今，手机已经成为人们随身携带的物品。除此之外，还出现了智能手表这种可穿戴式的设备。今后，BCI 的发展也十分值得关注。

IT 技术发展的历史，不但是信息通信技术大众化的过程，同时也是硬件逐渐接近人类身体的过程。现在信息技术的硬件已经成为人类的贴身设备。如果照这种趋势继续发展，硬件进入人类的身体也将是理所当然的事情。原本在我们体内以暗默知的形式存在着的未被利用的信息，将被转变为可以利用的形式知，使我们的生活变得更加方便、舒适。这就是深入人类身体的信息技术的大众化。

人类周围未被利用的信息也将被利用起来

在人类的身体之外，也有许多未被利用的信息，无人机就是其中之一。这里所说的无人机指的是可以远程控制的小型无人飞行器。

现在已经有快递公司利用无人机向偏僻地区发送快递。在无人机飞向目的地的过程中，操作者必须把握路线信息才能对无人机进行操作。假设操作者没有获得路线信息，那么这对于操作者来说就属于未被利用的信息（暗默知）。为了将这种作为暗默知的人类外部的未被利用的信息变为能够使用的形式知，一种办法是在无人机上搭载摄像头，实时地将路线信息传送给操作者。通过将未被利用的信息转变为能够利用的信息，操作者就能够控制无人机安全地抵达目的地。

当人类来到陌生的地方时，能够使用的信息非常少，而地图则是解决这一问题的最佳工具。谷歌地图等数字化地图具有只要输入目的地就能够立刻显示出路线和公共交通信息的功能。对于不认识路的人来说，谷歌地图已经成为不可或缺的出行工具。这也是将人类外部未被利用的信息利用起来的例子。

谷歌地图在提供路线信息的同时，也能够获取使用者的位置信息。通过大量收集使用者的位置信息，可以对交通情况进行分析。比如某路段的使用者的位置长时间没有移动，就说明这个路段处于拥堵状态。如果将这一信息在地图上显示出来，就可以给其他使用者带来极大的便利。

位置信息还可以与购物相结合。比如某超市在购物车上安装了能够获取位置信息的传感器。这样一来，当顾客推着购物车在超市内购物时，就能够把握顾客的行动路线。通过大量收集这一数据，超市就可以从整体上把握超市内的人流情况，了解哪些区域人流密集、哪些区域几乎没人光顾、哪些收银台经常排队、哪些收银台比较空闲等信息。在顾客结账的时候，还可以将购物车的移动路线信息与购买商品的信息结合起来，或许能够使超市发现意料之外的促销创意。

最近还出现了一种名叫增强现实（Augmented Reality，AR）的技术。这是在肉眼可见的现实世界之中添加有用信息、删除多余信息的技术。比如用智能手机运行 AR 的应用程序，通过摄像头对街区进行扫描。如果这款应用程序是面向房屋中介开发的，那么当扫描到建筑物的时候，屏幕上就会自动显示出这栋建筑是否有房间出租以及租金多少等信息。如果发现了中意的房源，那么可以直接点击屏幕上的链接了解详细情况。这也是将暗默知转变为形式知的例子之一。

爱迪生给我们的启示

在我们的周围存在着许多未被利用的信息，其数量多到我们难以想象。尽可能将这些信息利用起来，就是现在以及未来信息技术的发展方向。

如今，我们在各种东西上安装微型传感器，并通过网络收集数据，就是为了将人类外部尚未被利用的信息转变为能够利用的信息。计算机学者坂村健曾经将这样的环境称为普适计算

（ubiquitous computing），现在则更多地将其称为物联网（Internet of Things，IoT）。

虽然现在我们通过 IoT 等各种方法将尚未被利用的信息转变为能够利用的信息并收集起来使之成为大数据，但大数据本质上只是原始信息的集合。正如前文所述，信息是有意义的内容。然而，大数据的信息因为处于尚未被分析的状态，所以并不属于有意义的内容。准确地说，大数据属于“能够被分析的未利用信息”。

以我们的家庭为例，现在我们可以通过 IoT 从墙壁、窗户、桌子、抽屉、地板等位置收集未被利用的信息。随着信息技术的发展，今后或许信息收集的范围会扩展到室外极其广阔的空间。但这就引出了一个问题，收集到的大数据究竟应该如何使用？

现在恐怕没有人能够完整且准确地回答这个问题。当然我也不能。但我可以肯定一点，那就是通过对这些尚未被利用的信息进行分析，将能够引发出许多的可能性。虽然现在没有人知道应该如何利用这些信息，但只要这些信息被发现，就一定会诞生出全新的可能性。至于这个可能性是什么，则不在我们考虑的范围之内了。新技术的出现总是伴随着全新的可能性的展现，同样，未被利用的信息被利用起来之后，也会出现全新的可能性。

请大家回忆一下，爱迪生发明留声机之后自己设想的 10 种可能性。但是，当留声机真正投入使用之后，在科技与人类的相互作用之下，最终只确定了一种主要的使用方法。

这件事能够给我们带来一些启示。IoT 带来的“大数据等同于能够被分析的未利用信息”是充满各种可能性的宝库。在这些可能性之中，哪些能够给社会带来巨大的影响还是未知数。既然如此，应该将这些可能性全部公开出来，让所有人一起集思广益，摸索对社会更加有益的用途。

从软件、硬件、网络的 3W 角度来考虑，为了收集社会的暗默知而在物品上加装传感器，这属于软件领域的活动；传感器收集到的数据需要通过有线或者无线通信来进行传送，这属于网络领域的活动。接下来，还需要思考收集到的信息的使用方法，这属于软件领域的活动。也就是说，要将软件领域公开共享，大家共同进行探索。

在硬件和网络领域做出贡献的人，也同样获得了可观的财富。但回顾历史不难发现，获取财富最多的其实是在软件领域做出贡献的人。

伽利尔摩·马可尼作为无线电技术的普及者获得了诺贝尔物理学奖，但他去世时留下的全部财产，甚至加上他用于研究的帆船，也不到 1.5 万美元。相比之下，那些通过马可尼发明的无线电技术经营广播电台和电视台的经营者们，一个月的支出就远远超过这个数字。就连戴维·萨尔诺夫都不禁感叹：“发明家就是给他人提供财富的人。”

由此可见，在大数据的时代，找出“能够被分析的未利用信息”与众不同的用法的人，将会获得巨大的财富。

未被利用的信息是未开拓的新领域

综上所述，未被利用的信息分为人类自身拥有的信息与人类周围存在的信息两个种类。从目前的发展趋势来看，这些未被利用的信息都将被分析并利用起来。顺带一提，IoT 主要针对的是人类外部的未被利用的信息，因为人类并不属于物品。那么，要将人类内部和外部的所有信息都作为分析对象时，就不能称为 IoT 而应该更准确地称为 IoE（Internet of Everything，万物互联）。

IoE 不仅分析的信息数量更多，还可以将增加的信息相互组合，实现更多的可能性。比如将农业、视频、医疗、健康、介护、交通、教育等随机提出的关键词组合成能够被分析的信息，其中一定隐藏着我们意想不到的可能性。但这些可能性实在是太多，仅凭人类的智慧难以进行深入分析。在这种情况下，AI（人工智能，Artificial Intelligence）自然而然地越发受到世人的关注。

现在 AI 技术的发展正处于继 20 世纪 50 年代、20 世纪 80 年代之后的第三次高潮。第三次 AI 技术高潮的特征在于，人类通过对过去的庞大数据进行统计学分析，找出相关的关系和规律。

信息处理能力低的计算机很难对庞大的数据进行处理，因此之前采取的做法是从母本数据中提取样本数据作为替代。但现在计算机的性能得到了极大的提升，已经可以对全部的数据进行实时处理。通过全局处理和实时处理，AI 可以建立起更加准确的模型和假设。

此外，通过深度学习（Deep Learning）从过去的庞大数据之中找出相关的关系和规律，也是现代 AI 的一大特征。所谓深度学习，指的是使用模仿人类大脑神经元的神经元网络进行机械学习。

传统的机械学习是由人类从外部规定基准和尺度，让计算机对某种规律进行认知；而深度学习则是由计算机自己调整基准和尺度来进行认知。谷歌曾经在 2012 年成功地让 AI 在 YouTube 的 1000 万个视频中识别带有猫的影像，当时使用的就是深度学习的方法。

像这样能够从大量的数据中找出相关关系和规律的 AI，可以说与大数据是最佳拍档。这也是只有 AI 才能做到的事情，人类是无论如何都做不到的。

请大家回忆一下勒内·笛卡儿在《谈谈方法》中提出的思考方法。要想做出正确的思考，“将复杂的问题尽可能分成多个比较简单的小问题”必不可少。而在人类的内部与外部全面收集信息的 IoE，就是在将问题尽可能地分成多个小部分，并且从这些小部分之中提取数据。被提取出来的数据集合成大数据，通过 AI 的分析变成有用的信息，最终被反馈给社会。

将未被利用的信息转变为有意义的信息的过程，与笛卡儿提出的正确思考的过程完全一致。从这个意义上来说，通过 IoE 获得的大数据和 AI 两者的组合，就是将整体细分为多个要素并进行分析和观察，然后再将这些要素重新组合，也就是西方文化最擅长的“分解与综合”的方法。21 世纪的数字信息技术，就是将未被利用的信息转变为能够利用的信息，并从中获取有用的智慧。

未被利用的信息可以说是 21 世纪数字信息时代的新大陆。谷歌、苹果、亚马逊、微软以及通用电气等知名企业之所以争相进行 AI 的研发，就是为了能够在这片新大陆上抢占更高的领地。软银集团的社长孙正义也在 2016 年收购了在智能手机和平板的处理器市场拥有强大实力的英国 ARM，就是为了加强自身在 IoE 领域的硬件实力，同时将其与自己擅长的网络相结合，从而在新大陆中谋求一席之地。

在视觉通信诞生 250 年之后的 2044 年，能够占领这片新大陆的企业，必将获得超出想象的强大力量。

统计学的方法真的“最强”吗

AI 并不是第一个超越人类智慧能力的装置。

请大家想一想计算器。计算器使四则运算变得易如反掌，当人类还在心算或者笔算的时候，计算器已经瞬间给出了正确的答案。如果觉得计算器这个例子太简单了，那不妨再想一想电脑上运行的 Excel。Excel 不但能够进行函数运算，还可以迅速地对数据进行排列以及调出所选数据。也就是说，在某些特定的领域之中，早就出现了完全超越人类智慧能力的机械设备。

高性能计算机拥有远远凌驾于电脑和计算器之上的能力。AI 输出统计学分析结果的能力也让其他设备望尘莫及。但这并不意味着 AI 就是万能的。

首先，AI 虽然能够找出庞大数据之中存在的相关关系，却无法判断其是否存在因果关系。相关关系指的是两个不同的事物之间存在相关性。当发生某件事的同时也发生了另一件事，那么就可以说这两件事之间存在相关关系或者说共变关系。因果关系指的是某件事和另一件事之间存在原因和结果的关系。在发生事件P之后必然会发生事件Q的情况下，P和Q就是因果关系。也就是说，在因果关系之中，某件事物发生变化另一件事物也发生变化的共变关系存在时间顺序。

但是，即便知道事件P和事件Q之间存在共变关系，也不能判断两者之间存在因果关系。因为两者之间的时间顺序可能会刚好相反。此外，还可能存在与P和Q都不相关的第三要素。因此，AI无法判断事物之间的因果关系，只能发现“不知道理由的相关关系”。

经过上述流程得出的结论被称为归纳总结。AI或许可以对通过归纳总结得出的结论进行演绎思考，但计算机就算观察100万次苹果落地，也很难从这个事件之中提炼出万有引力定律。对100万次苹果落地进行归纳总结之后得出的结论应该是“苹果终将落地”。根据这一结论还可以进行“苹果终将落地。这是一个苹果，那么这个苹果也终将落地”的演绎思考。只不过这种思考得出的结论没有任何意义。

人类除了归纳思考法（induction）和演绎思考法（deduction）之外，还拥有建立假设进行思考（abduction）的能力。牛顿的伟大之处就在于其看到苹果落地之后，没有停留于“苹果终将落地”这一平凡的结论，而是建立起了“作用于苹果的力，是否也作用于日月星辰”的假设。这一假设最终让牛顿发现了万有引力定律。

这种建立假设的能力显然是AI不擅长的，但却是人类最擅长的。美国的哲学家查尔斯·桑德斯·皮尔士将建立假设进行思考看作是与归纳思考和演绎思考同样重要的思考方法。虽然AI

不擅长建立假设，但AI为人类提供的信息却非常有利于人类进行假设思考，只不过在这种情况下的AI发挥的只是前文中提到过的IA的作用而已。

警惕黑天鹅事件

利用AI进行分析的时候也有需要注意的地方。就在我执笔本书的过程中，互联网新兴企业DeNA为了提高自身网站在搜索引擎上的排名，捏造了有可能违反法律的虚假信息。这导致该公司的网站遭到封锁，同行业其他企业的网站也遭受牵连，有的被封锁，有的则被部分禁止登录。AI在进行分析时有可能将这些虚假信息当作信息源来使用，因为AI无法判断信息的真假。这意味着在当前的3W之中，软件的水准极低，AI的水准也会受到瓶颈的影响而处于很低的水平，甚至有可能出现“撒谎的AI”。

还有一点需要注意，那就是AI的工作方法是通过统计学对过去的数据进行分析得出最优解。统计学以可能性的高低作为判断依据。在统计学的假设检验中，有一个被称为“拒绝域”的概念，如果拒绝域的设定值为5%，那么可能性低于5%的假设都将被拒绝。也就是说，统计学将那些设定值之外的可能性都当作不存在。

除此之外，AI也无法对过去不存在的数据进行分析。但世界的历史并不是重复的循环，而是经常会出现前所未有的事件。9·11事件就是任何人都想象不到的、可能性不足1%的事件；东日本大地震引发的一系列次生灾害更是可能性只有万分之一的自然灾害。

曾经，人们认为世界上只有白天鹅。这是因为人们之前见过的所有天鹅都是白色的，所以通过归纳思考得出了这一结论。但当人们看到第一只黑天鹅的时候（第一只黑天鹅在澳大利亚被发现），这个结论就被彻底推翻了。黑天鹅事件意味着非常难以预料且不寻常的事件，当黑天鹅事件出现之时，只会基于历史数据进行分析的 AI 就会做出错误的判断。

我在序章中也提到过，《奇点临近》的作者雷·库兹韦尔认为，科学技术将以几何级数的速度发展，当科技发展达到某个节点时，将会给人类的生活带来巨大的改变，他将这个节点称为“奇点”。库兹韦尔将奇点到来的时间设定在 2045 年，届时计算机的智能将比所有人类的智能还要高 10 亿倍。人类可以扫描自己的大脑并上传到计算机之中，而遗传工程学和纳米科技的发展更将使人类获得永生。

正如库兹韦尔所说，随着科技的飞速发展，奇点这个节点很有可能会到来。因为科技的发展就是全新可能性的展现，所以随着科技的发展，出现奇点的可能性是完全存在的。但奇点到来之后人类是否能实现永生则是另外的问题。因为奇点还存在其他的可能性，而我们并不知道哪些可能性会成为现实。就像爱迪生和留声机的例子一样，爱迪生给留声机设想了 10 种可能的用途，而在留声机与社会的相互作用下，最终留声机的可能性只集中到了一个上面。从这个例子可以看出，给未来科技的发展只限定唯一的可能性是非常不明智的。

人类的自由意志

虽然无法提前应对黑天鹅事件，但这并不意味着 IoE、大数据和 AI 就毫无价值。计算机强大的数据处理能力仍然给人类带来了巨大的帮助，譬如将大量未被利用的信息转变为能够利用的信息。但能够利用的信息越多，就意味着选择越多，这就又产生了新的问题。

面对激增的选择，人们一定会努力选择对自己更有利的选项。但选项越多，要想判断每个选项之间的差异就越困难。有时候可能刚选完自己认为最佳的选项，就发现其实还有更好的选项，结果使人感到非常后悔。越是追求完美的人越容易出现这种问题。为了避免出现这种让自己后悔的情况，有的人干脆就什么也不选，这样至少不会因为选错了而后悔。

心理学家希娜·艾扬格针对这一现象精心设计了一场实验。她在超市显眼的位置摆放了一些果酱供顾客试吃，然后给试吃的顾客一张有效期为一周的果酱优惠券。每隔几个小时，她就会将果酱的种类在 6 种和 24 种之间进行变换。当试吃的果酱有 24 种的时候，前来试吃的顾客数量明显增加，但当对实际使用优惠券购买果酱的顾客数量进行统计后发现，试吃 6 种果酱之后选择购买的顾客比例为 30%，而试吃 24 种果酱之后选择购买的顾客比例只有 3%。

根据这一实验结果，艾扬格得出的结论是，果酱的种类越多（选择越多）越能吸引顾客的兴趣，但要想激发出顾客的购买欲则应该将可选择的数量控制在一定的范围之内。也就是说，选择太多反而会使人产生选择困难的情况。

假设有一个人，由于面对了太多的选项，不知道应该选哪个才好。在这个时候，AI 帮助这个人筛选出对他最有利的选项，这个人就会很开心地按照 AI 的指示选择“最优选项”。但人生在世，并不是只需选择一次就可以，而是要不停地做出选择。于是，每当这个人遇到需要选择的情况时就依靠 AI 来决定。

在面临人生重要选择的时候，比如选择学校、选择职业、选择伴侣、选择养老院，甚至选择墓地，这个人全都依赖 AI。因为自己没有做出选择，所以就不必承担任何的责任。说到底，这实际上是一种逃避的表现。

更可怕的是，如果越来越多的人将选择的权利交给 AI，那么社会就会变得像乔治·奥威尔描写的《1984》那样。本来在我们的社会中并没有“老大哥”的存在，但人们为了逃避责任而依赖 AI 做出判断，AI 就会变成“老大哥”。《1984》的世界会由我们自己亲手创造出来，然后我们又心甘情愿地投入到这个世界之中。

过于依赖 AI，会使人类失去自由的意志。或许有人说，我让 AI 替我做出选择，这也是自由意志的一种形态。但将人生所有的判断都委托给 AI，这样的自己真的还拥有自由意志吗？这个问题非常值得我们思考。

越发严重的矛盾

AI 具有很高的使用价值，但过度依赖 AI 却会引发“1984 现象”，这就会产生出本来对人类有利的东西反而给人类造成危害的悖论。这种情况不局限于 AI，也适用于所有信息技术，甚至包括信息技术在内的全体科学技术。

科技就是可能性的展现，而可能性具有正反两面。因此，科技既有可能导致正面的结果，也有可能导致负面的结果。而人类则在综合考虑科技可能带来的正面结果和负面结果之后，通过扬弃来获得综合最优的解决办法。可谬主义对这种辩证法的进展持积极的支持态度。换句话说，人类文明的历史，就是不断对旧设备（当然也包括作为“软件”的制度）进行扬弃，从而获得新设备，也就是获得超越正与反的对立，找到第三种解决办法并将其导入人类社会的历史。

经过“科技诞生→正面结果→负面结果→新科技的综合”这一辩证法或者说可谬主义的过程，人类社会的复杂度越来越高。因此，最初被认为具有正面结果而投入社会的科技，在意想不到的领域造成负面结果的可能性也越来越高。这种可能性又反过来增加了人类社会的复杂度。所以，现代社会充满了正反两面的对立，也就是说我们正面临着前所未有的“超”矛盾时代，而且这种趋势似乎还有愈演愈烈的势头。

AI 具有很高的利用价值，这是正面的评价；但过度依赖 AI 会引发“1984 现象”，这就是负面的评价。由此可见，AI 利用的正反两面的对立，也属于“超”矛盾时代的问题之一。我之所以用“超”这个字，是因为如今正反两面对立的局面不但多种多样而且十分频繁，这也可以说是当今时代最大的一种特征。

由信息技术引发的严重的正反矛盾在未来仍将持续，在这多种多样且频繁发生的正反矛盾之中，有 3 个亟待我们通过扬弃的方法来解决的问题。在第九章，我将和大家共同探讨这 3 个问题。

第九章

“超”矛盾时代来临

“协同与垄断”或者“共享地与独占地”的矛盾

首先，让我们从“协同”这个关键词开始讲起。协同的目的是取得“相乘效果”。近年来，这个词经常被用于管理学领域，比如《广辞苑》对这个词的解释是：“在管理战略中，通过将事业和管理资源进行适当的结合来取得相乘效果。”但协同这个词其实还有另外的含义。

美国的文化人类学家鲁思·本尼迪克特因其著作《菊与刀》而为人所熟知。在这本书中，他对日本和美国的文化进行了比较，并提出美国的文化是“罪感文化”，而日本的文化是“耻感文化”。但鲜为人知的是，从文化人类学的角度提出应该以协同为基准判断原始文化健康度的人，也是本尼迪克特。

本尼迪克特认为，个人和组织的利己主义能够给他人和社会带来帮助，而帮助他人的利他主义也会给个人和组织带来好处，也就是说，这就是所谓的“协同超越了传统的利己主义与利他主义的二分法”。本尼迪克特还指出，协同度越高文化就越健康；反之，文化就越不健康。她将前者称为高协同度文化，将后者称为低协同度文化。

让我们来具体思考一下协同度较高的状况。事实上，在我们身边就有高协同度的状况。比如，父母于圣诞前夜在熟睡的孩子枕边放上礼物；第二天早上，孩子醒来时看到枕边的礼物一定会感到非常高兴；而看到孩子开心的笑容，父母一定也会感到十分幸福。对父母来说，给孩子送礼物是利他的行为，但父母从孩子的笑容中也获得了幸福感。总而言之，这就是协同度比较高的状态。

再比如，某店铺的店主，为了吸引更多的顾客前来光顾，每天早晨都会将店门前的道路打扫得干干净净。这是店主从利己主义出发而采取的行动。假设同一条街上其他店铺的店主看到之后，也出于利己主义的动机每天早晨打扫店门前的道路，最终就会使整条街道都变得干净整洁，这样顾客们都愿意来这条商业街购物。也就是说，店主们利己主义的结果是给整条商业街都带来了好处，间接起到了利他的效果。这种状况也属于协同度比较高的状态。

总之，自我满足的行为也给他人带来了满足，这就是本尼迪克特所说的协同。从这个意义上来说，它和现在管理学中常用的协同概念稍微有些不同。

高协同的状况在网络社会中也存在。比如前文中提到的谷歌地图。用户之所以选择使用这项服务，是因为这项服务能够给自己带来好处（越是不认识路的人，这项服务的价值就越高）。但要想充分地利用这项服务，用户必须先共享自己的位置信息。而谷歌地图的提供方通过收集并分析用户的位置信息，可以更进一步为所有的用户提供包括道路拥堵情况在内的各种更有价值的信息。这样一来，用户在使用这项服务时就相当于同时完成了利己和利他的行为。

在 SNS（Social Networking Service，社交网络服务）的世界中也有高协同的状况。参与 SNS 的人作为生产者上传自己的信息，同时又作为消费者浏览朋友上传的信息并点赞。作为生产消费者的 SNS 用户通过这一系列行为获得心理上的满足感，这就是典型的在利己的同时也利他的行为。与此同时，SNS 的大量用户通过共享信息使 SNS 的活跃度得到极大提升，这也提高了 SNS 的价值。也就是说，生产消费者的利己行为同时也是对 SNS 整体有利的利他行为。可以说，SNS 的结构就具备高协同的特征。因此 SNS 的用户越多，其协同度也就越高。

有信息工程学者将 SNS 的这种结构称为“利益的双重回路”。因为不管是个人还是整个 SNS 都会从中受益，所以用这种说法来表达确实比较贴切。但实际上已经有高协同度这种说法的存在，所以完全没必要再特意创造一个新的说法。可能是因为这位信息工程学者不知道协同具备的另一层含义，所以不知道 SNS 其实就是高协同的结构吧。但我想说的并不是人们对协同缺乏理解，而是想说协同已经成为市场营销的对象这一事实，因为这也引发了一个充满讽刺意义的矛盾。

菲利普·科特勒将市场营销定义为“通过满足需求来获取利益”。SNS 服务的提供商为了满足生产消费者的需求，提供了名为 SNS 的共享地。但满足需求却不获得利益属于慈善行为（与之相对的，不满足需求却获得利益则属于诈骗行为），作为商业活动提供的 SNS 服务显然不是慈善事业，企业一定要从中获取利益。

因此，SNS 服务的提供商考虑将获取到的信息转变为利益可以说是理所当然的。所以，提供商会根据收集的用户信息把握用户的习惯和爱好，向用户投送相应的广告。也就是说，SNS 的共享地只是一个幻想，SNS 用户成为在提供商的独占地之中生产信息、消费信息并接受广告的对象。由此可见，SNS 虽然看起来属于高协同度的结构，但实际上是将协同应用于市场营销的商业活动，是共享地的提供者独占利益的低协同结构。

Web2.0 这种用户参与型的商业活动拥有很强的网络外部性。参与者越多，共享地的价值就越高，越能够吸引更多的人参与进来，这又进一步提高了共享地的价值。这种属于供应商独占地的共享地具有很强的集中趋势。如今，互联网上特定的服务被特定的企业所垄断的事实，更是充分地证明了这一点。

这样的共享地越是得到发展，利益越会集中到个别的企业里。这种趋势如果一直持续下去，网络上的主要服务可能会全都集中在极少数的企业之中。这也意味着地球上最大的“共享地”——互联网会成为少数企业的“独占地”。作为生产消费者的我们，是要容忍共享地成为独占地，还是反对独占、共同抵制用户参与型的服务呢？如果这两种选择都无法令我们满意的话，我们就必须通过扬弃来找出这个矛盾的解决办法。

便利性与隐私性的矛盾

对 AI 的依赖，会导致出现“1984 现象”。虽然现在“老大哥”还没有出现（希望永远也不会出现），但在追求个人便利性这一正面结果的同时，导致出现“1984 现象”这一负面结果的可能性也正在逐渐增加。

现在，如果想要充分利用互联网上提供的服务，使用者就必须先公开自己的个人信息。公开的个人信息越多，获得的服务就越便利。公开的信息不仅包括姓名和年龄等狭义上的个人信息，还包括许多其他与我们个人相关的信息，比如在搜索网站上输入的关键词。这些关键词一般都是我们自己感兴趣的内容，而这些关键词都会和我们的 IP 地址一起被保留在服务提供者的服务器上。

又比如，很多人都使用互联网企业提供的电子邮箱服务。互联网企业为广大的用户免费提供邮箱服务器，使我们能够随时随地使用邮箱。这确实给我们带来了便利，但同时也相当于我们将个人的隐私邮件都交给互联网企业代为保管。

互联网企业提供的时间管理表服务也是一样。这项服务可以让用户随时随地使用任何终端设备登录，十分方便。但换一个角度来看，这就等于是我们将自己未来的行动计划提前透露给互联网企业。而且，长期使用时间管理表的人还很容易被摸清生活习惯，这显然也是一种对个人信息的公开。

我们以为，使用 SNS 服务与亲朋好友进行私密的交流是保密的，但实际上 SNS 服务的供应商对交流的内容了如指掌。我们在电商网站上购买商品，消费记录这一个人信息也会被网站的运营商获取。几乎所有的电商网站都可以查看用户的消费记录。虽然电商网站对用户来说十分方便，但换一个角度来看，这也意味着电商网站的运营商在对我们的消费记录进行管理。

喜欢听音乐和看视频的人，现在应该都在使用流媒体的音乐和视频播放服务；喜欢读书的人，大多也购买了电子书阅读器。

而音乐和视频的播放记录与电子书的阅读记录和书签位置，都会被保存在服务供应商的服务器上。

我们在互联网上的任何行动，都会留下相应的痕迹（信息）。只要他人对这些信息进行收集和整理，我们的个人信息就会毫无保留地展现在他人眼前。现在谷歌提供的推送服务“Google Now”，就是通过对使用者的网页浏览记录和现住址以及时间表等进行分析，然后在适当的时机为使用者提供必要的内容。如果没有基于个人信息对用户进行画像，Google Now 的服务就无法成立。据说，美国国家安全局（National Security Agency，NSA）掌握着全世界所有邮件和电话的通信记录，以及信用卡的使用记录。由此可见，互联网不仅对企业来说很重要，就连对国家来说也是一个把握个人信息的宝库。

18 世纪的功利主义哲学家杰里米 · 边沁认为，让犯罪者改过自新有助于提高社会的总幸福量，所以他设计了一个“环形监狱”（panopticon）。这个监狱的中央有一个监视塔，周围一圈是独立的牢房。从监视塔可以看到所有牢房里的情况，而从牢房中却看不到监视塔中的情况。于是，犯人们就会认为自己时刻都处于监视之下，不敢胡作非为。

法国的哲学家米歇尔 · 福柯认为，环形监狱的理念也同样适用于现代社会。他在著作《监狱的诞生》中提到，以前的当权者通过将犯罪者公开处刑来彰显自己的权力，也就是所谓的惩罚社会；但现代社会的当权者将规律和训练都强加给个人，而自己则在名为社会的“环形监狱”之中进行监视，这就是与惩罚社会相对的训诫社会。

在 40 多年之后的今天，互联网实现普及的现代社会，可以说变得愈发环形监狱化。我们已经无法放弃互联网带来的便利性，是否只能接受这一现实呢？还是说为了保护自己的个人信息，拒绝使用包括互联网和电话在内的一切信息技术？如果这两种选择都无法令我们满意的话，我们也必须通过扬弃来找出这个矛盾的解决办法。

“世界与地区”的矛盾

信息技术推动了国际化的发展，这是毋庸置疑的事实。从视觉通信的时代开始，法国就通过悬臂通信与西班牙进行信息的交流。这种国家与国家之间的信息交流，就是信息技术推动国际化发展的最好例证。两个不同的通信网络连接到一起，就是互联网，所以法国与西班牙的通信事例也可以说是互联网的雏形。

到了电报的时代，遍布全球的电报通信线路使国际化得到了进一步的发展。在日本明治时代后半段，虽然发电报的价格贵得离谱，但普通大众也能从美国向日本发送国际电报。这意味着信息技术推动的国际化浪潮已经遍及普通大众的层面。后来的电话时代以及互联网时代，更是极大地缩短了整个世界之间的沟通距离。

值得我们注意的是，国际化反而催生出了国家主义。这听起来好像是个悖论，但正因为国际化使国家的存在感变得越来越弱，为了强化国家的概念，国家主义才应运而生。同样的情况在电报时代也出现过。

1830年后半段开始实用化的电报，到了19世纪末迅速在全世界范围内得到普及，1903年环绕世界一周的电报线路也宣告开通。第一个在大西洋成功铺设海底电缆的塞勒斯·菲尔德的弟弟亨利曾经这样说道：“海底电缆并不是被冻死在大西洋冰冷海底的普通铁索，而是将远隔万里的家人联系起来，永远传递充满爱情与温柔的信号的生命线。这种强大的羁绊会使人类团结一致，给世界带来和平与和谐。”但事情并没有像亨利设想的那样发展。电报成为帝国主义的隐形武器，被用来扩大国家的势力。

在互联网普及的当今时代，国际化的趋势愈发明显。因为互联网是无国界的，所以想阻止国际化的发展十分困难。比如通过区块链技术，国际间的虚拟货币交易成为现实。今后，虚拟货币的交易一旦得到普及，那么国家发行的实体货币就将失去意义。

在这种国际化愈演愈烈的趋势之下，国家主义的呼声也越来越高。世界之所以开始变得内向，可以说都是由信息技术导致的国际化所引起的。信息技术在推动国际化的同时，也促进了国家主义与民主主义的兴起。既然国际化的发展不可阻挡，那么我们对地区的纷争就可以视而不见吗？或者考虑地区的利益优先，不再继续推行国际化吗？如果这两种选择都无法令我们满意的话，我们就必须通过扬弃来找出这个矛盾的解决办法。

永无止境的矛盾螺旋

信息技术的发展导致社会充满矛盾，比如选择越多越使人难以做出选择，效率越来越高却导致失业的人越来越多，越是追求满足感越会使思考陷入停滞等。信息技术带来的正反矛盾，似乎使人类社会变得越来越混乱。

但从自然界中变迁的角度来审视信息技术的发展，就会发现这其实是理所当然的结果。在植物变迁的最终阶段，只有最能适应当地气候条件的植物才能生存下来。这种最终生存下来的植物被称为顶极（climax）。而我们所生存的这个世界，也根据这一理论被分为几个自然地区。

然而对信息技术来说，气候条件并不是催生出顶极的主要原因（可能彻底破坏人类文明的极端气候变化另当别论）。信息技术与人类和社会是三方面相互作用的关系，三者之间互相影响。环境的变化会诞生出全新的信息技术，而信息技术与人类和社会的相互作用又会诞生出新的环境，新的环境则是诞生出全新信息技术的土壤。

如果这一系列的运动一直持续下去，信息技术就很难达到顶极，或者说很难达到相对稳定、不继续发展的状态。也就是说，信息技术的发展是永无止境的。这也是站在生态史观的立场上，对包括信息技术在内的所有科学技术进行分析时得出的极为重要的结论。梅棹忠夫对此这样说道：

相互作用的过程是不会停止的。被改造的环境会反过来对主体产生影响。而受到环境影响的主体又会以新的方式去改造环境。这种作用与反作用不仅是相互的、同时的，还是累加的和渐进的。表现出来的现象并非均衡不变的，而是充满矛盾和变化的。

信息技术这250年的发展进程就是不断变化的历史，而且这种变化今后还将持续下去。换句话说就是，消除矛盾、产生矛盾、继续消除矛盾，不断地重复这一过程。当矛盾达到极限时，这种变化会以怎样的方式收场呢？关于这一点，梅棹忠夫也给出了自己的答案。

梅棹忠夫留下了一部尚未完成的作品，名字叫作《人类的未来》。日本河出书房本来计划将这部作品作为《世界历史》系列全25卷的压轴之作，但由于梅棹忠夫只写了一个目录，并没有完成全书，所以只能作罢。在这部未完作品的目录上，最后的“终章”中有一节的标题是“地球冲水马桶论”。根据我个人的推测，梅棹可能是认为人类社会的矛盾螺旋终将达到极限，人类将像被冲水马桶的水流冲走一样迎来灭亡。

不过，梅棹忠夫也给我们留下了希望，“终章”最后一节（“地球冲水马桶论”的下一节）的标题是“黑暗彼端的光明”。由此可见，梅棹忠夫认为人类也是有可能避免灭亡的命运。那么，光明究竟是什么呢？

黑暗彼端的光明

关于光明的启示，就在前文提到的“协同”之中。

协同指的是个人和组织的利己主义会给他人和社会带来帮助，而帮助他人和社会的利他主义又会给个人和组织带来利益的状况。协同度越高，社会的文化度也越高。

让我们从信息技术的角度来考虑一下。假设我和我的合伙人成立了一家公司，那么我获取利益就是为合伙人带来好处，合伙人获取利益就是为我带来好处。如果将信息技术用于获取利益，那么这就是高协同度的状态。但如果我们两人获取利益的行为，会给公司之外（比如公司周围的社区）带来坏处，那么这种活动就不是高协同度的，而是低协同度的。

同样，即便公司的活动能够给当地社会和自身都带来利益，但会损害国家的利益，那么这种活动也不能称之为高协同度活动。因为一旦超出了当地社会的范围之后，高协同度就会变成低协同度。更进一步说，国家的活动能够给自身和盟国都带来利益，但也会给地球带来坏处，那这就属于仅限于集团国家内部的低协同度活动。

综上所述，如果以是否能提高个人、家庭、企业、社会、国家乃至地球的协同度为基准对信息技术进行取舍选择，那么信息技术的未来就会变得更加光明。这个判断基准也同样适用于所有的科学技术，还包括人类文明和未来发展。而最终的结果则是诞生出具有极高协同度的地球村。

然而，现在信息技术仍然被大量用于犯罪的负面行为，甚至还有组织专门利用信息技术进行恐怖主义活动，这就是当前的现实。而且，这些进行负面活动的人根本没有协同的概念，即便尝试去说服他们也只不过是对牛弹琴罢了。通过协同来寻找光明，或许只是一种美好的愿望，实际上根本无法实现。

但站在“即便不可能实现完美，也仍然可以去追求”的可谬主义立场上来看，对协同的追求也可以作为一种可能性的展现，非常值得我们深入思考。

如果是梅棹先生的话，他会怎么想呢？